山口拓朗

魔法の質問で
「コトバの力」を伸ばそう

親子で取り組む作文教室

日本能率協会マネジメントセンター

はじめに

作文は子どもの能力を伸ばす最強のアウトプット

作文を書く能力が伸びると、その子はグ～ンと成長します。

伸びるって、国語の成績が？

もちろん、国語の成績は伸びます。

でも、それだけではありません。

科目を問わず、勉強ができるようになります。


なぜなら、勉強とは「言葉を使ってするものだから」です。

「足し算」や「分数」はもちろん、「あさがおの観察」「街の探検記」「からだの部位」「リコーダーのソという音」「色鉛筆の色の名前」——なども、すべて言葉で表記するものです。

言葉と文章への理解と慣れが、その子の「言語能力」と「思考能力」を高めていくのです。


また、作文を書くことによって、自分を表現する力が身につきます。

コミュニケーション力が高まって、友だちと信頼関係を築くのが得意になります。

率先して行動する子になります。

さらに、作文を書く力を伸ばすことで、その子の思考回路が開かれて、自分の「考え」や「意見」を持てるようになります。

そんなふうにいわれても、「それってホントなの？」と疑いたくなる人もいるでしょう。

でも本当なのです。

ずばり、作文というのは「その子そのもの」です。

文章を書くということは、言葉というツールを使って、思考を旅することであり、その子自身を「丸ごと」人に伝えていくことにほかなりません。

その「丸ごと」には、その子の体験、その子の知識、その子の気持ち、その子の意見、その子の感性、その子の性格など、ありとあらゆる情報が詰まっています。

自分を「丸ごと」伝えることができるようになったとき、その子のポテンシャル（可能性／潜在能力）は最大化されます。

最も大きなメリットは、「自信が生まれること」でしょう。

作文を書くプロセスを通じて、自分のことが好きになっていく。

自分のことが好きになった子は、自分の可能性をどんどん切り拓いていきます。

この本は子ども（おもに低学年）の作文がうまくなる本です。
楽しくすらすら作文が書けるようになる本です。

でも、それだけではありません。
その子の能力を最大限に仲ばし、人生をいい方向へと導いていく本でもあります。
そのために必要なのは、その子にとって大切な存在である「あなた」のサポートです。

本のタイトルが「親子で取り組む作文教室」なのは、そのためです。

作文好きの子どもになるか、作文嫌いのままで終わるか。
そのカギを握っているのは、親である「あなた」です。

準備はいいですか？

思考の旅に出発します！

山口拓朗

「魔法の質問」で作文が書けるようになる！

第1章

子どもたちが作文嫌いになるワケ

どうして、子どもたちの多くが、作文を嫌いになってしまうのでしょう？　作文が苦手になってしまうのでしょうか？

それは、「書くつらさ」や「書く苦しさ」ばかり味わわされているからです。


「ちゃんと書かないとダメじゃないの！」

「どうしてそんな書き方しかできないの？」

「（お友達の）○○ちゃんみたいに、上手に書けないの？」

「そんなのだと先生に怒られるよ？」

「もっと詳しく書きなさい！」

「もっと字を上手に書いて！」


作文を書いた子どもに対して、あなたは、こんな否定的な言葉をかけていませんか？


残念ながら、いくら親がガミガミ叱っても、子どもの作文は上手くなりません。

なぜなら、子どもは「自分が書いた作文」を否定されるたびに自信を失っていくからです。


そう、子どもの作文能力の芽を摘んでしまっているのは、実は、親であるあなたかもしれないのです。

そもそも、小学校低学年が書く作文に「良し悪し」などありません。

あるのは「個性」だけです。

その個性に、点数をつけることなど誰にもできません。

「もっとちゃんと書きなさい！」という声を聞くたびに、子どもたちの「個性」は剥がれ落ちていってしまいます。

生きるうえで重要な「自己肯定感」

せっかく書いた作文を否定された子どもは、どうなってしまうのでしょう？

「自己肯定感（じここうていかん）」が損なわれて、「自分は作文を書けないダメな人間だ」と思い込みます。

これは本当に恐ろしいことです。

子どもたちは「作文」と「自分」を切り離して考えることができません。

「作文＝その子そのもの」だからです。

作文を否定されると、それを書いた自分（という人間）が否定された、と捉えてしまうのです。

「自己肯定感」とは「自分を肯定する感覚」のこと。「（無条件に）自分は愛されている」「（無条件で）自分には価値がある」と感じているとき、その人の自己肯定感は高いといえます。

一方で、「自分には価値がない」「自分は愛されていない」と感じているとき、その人の自己肯定感は低いといえます。

自己肯定感が高いか低いか。この差は「微差」ではなく「大差」です。

この差が、その後の人生を左右することも珍しくありません。

自己肯定感が低い人の特徴

- 自分に自信をもてない
- 行動が受動的かつ消極的
- 少しの失敗でもめげる
- 自分の感情や行動を冷静にコントロールできない
- 自分のことで手一杯で、他人のことまで考えられない
- 精神的に不安定（不安や心配に襲われやすい）
- つい他人と自分を比較し、自分に「ダメ」を出しがち

・何かにチャレンジしようと思っても「どうせ自分にはムリ」とブレーキをかけてしまう

●自己肯定感が高い人の特徴

・自分に自信をもっている
・行動が主体的かつ積極的
・少しくらい失敗してもめげない
・自分の感情や行動を冷静にコントロールできる
・他人の気持ちに寄り添う「共感力」がある（そのため人から好かれやすい）
・精神的に安定している
・他人と自分を比較しない（自分の価値を実感しているため）
・何事にも積極的にチャレンジしようとする

自己肯定感が高まると、作文を書くときに、自分の考えや感情を、素直に表現できるほか、他人の目を（過度に）気にすることもなくなります。

日頃から大人が作文を認め、受け入れ、ホメてくれているため、「何を書いても大丈夫」「自分は作文が得意だ」と信じて疑わないのです。

この心境はやがて（いい意味で）「根拠のない自信」へとつながっていきます。

子どもに「呪いの言葉」をかけていませんか？

昨日までハイハイをしていた子どもが、初めて立ち上がって歩いたとき、親は、ヨチヨチ歩く子どものことを、めいっぱいホメるのではないでしょうか。

「よく歩けたね！」と頭をなでたり、笑顔で拍手をしたり、抱きしめたりするのではないでしょうか。

子どもは、その声援を力に変えて、また歩こうとします。

初めて歩いた子どもに向けて「何でヨチヨチしか歩けないの！」「尻もちついちゃダメ！」「もっとビシっと歩きなさい！」と怒鳴り声をあげる親はいないはずです。

しかし、こと作文において、親は、まだまだヨチヨチしか歩けない（＝作文にまだ慣れていない）子どものことを叱りつけているのです。

自己肯定感の高低が決まる大事な時期に、子どもの自己肯定感を下げる「呪いの言葉」をかけている……そのことに親自身が気づいていません。

これは悲劇以外の何ものでもありません。

親の「言葉がけ」ひとつで、子どもは天才作家に変身する

きょうぼくは友だちとあそびました。つまらなかったたです。


子どもの作文をのぞいたら、たった2行、この文章が書かれていました。

親であるあなたは、どんな言葉をかけますか？

●ダメな声のかけ方

「どうしてこれだけしか書けないの？」

「つまらなかったことなんて、作文に書かなくていいの！」

「こんな作文じゃ、また先生に怒られるよ？」

「○○君みたいに、もっとちゃんと書きなさい！」

「もっとよく考えて書きなさい！」

「まったく。ホントにあなたはダメね」

●いい声のかけ方

「よく書けてるね」
「友達と遊んだけど、つまらなかったんだね」
「とてもわかりやすく書けているよ」
「つまらなかったことを教えてくれてありがとう」
「素直な気持ちが書けているね」
「とても力強い字だね」

たった2行であっても、あるいは、内容がどういうものであっても、それを認め、受け入れ、ホメることはできます。

どんなときでも、子どもが書いた作文に対して「いい声のかけ方」をしましょう。

もしも1文字も書けなかった場合は、どうすればいいのでしょうか?

対応は同じです。書けなかった気持ちを受け入れてあげてください。

「今日たっぷり考えたから、明日になったら、書けるかもしれないね!」

それくらいの励ましがあってもいいでしょう。

本書の目的は「子どもの作文力を伸ばすこと」です。

この先、具体的な作文のノウハウについてもお伝えしていきます。

しかし、そうしたノウハウが効果を発揮するのは、親が子どもの作文(=子どもの存在そのもの)を「丸ごと」受け入れられるようになってからです。

子どもの自己肯定感を下げるようなことばかりいって、なおかつノウハウだけを押しつけようとすれば、子どもは反発したり、ふてくされたりするでしょう。

当然、作文を書くことへの興味は失われます。

「作文嫌い」になる典型的なパターンです。

子どもが「作文好き&得意」になるか「作文嫌い&不得意」になるか、そのカギを握っているのは親である(大人である)あなたにほかなりません。

作文という「自己表現」の場を借りつつ、子どもの自己肯定感を高めてあげることが親の役割と心得ておきましょう。

子どもの作文能力が一気に高まる「魔法の質問」

さて、この本では、子どもがスラスラと楽しく魅力的な作文を書けるよう、その方法をお伝えしていきます。

ずばり、子どもの作文能力を飛躍的に伸ばす方法があります。

その方法とは「自問自答」です。

「自問自答」とは「自分で問いを立てて、自分で答えること」。
「自己対話」と言い換えてもいいでしょう。

お父さん、お母さんの中には、「えっ、これまで作文を書くときに自問自答なんてしたことないけど?」と思った人もいるかもしれません。
しかし、それは勘違いです。
すべての人が自問自答をベースに文章を書いています。

今日はきゅうしょくでハンバーグが出ました。

たとえば、子どもが、この文章を書いたとします。
そのとき、子どもは頭の中で「今日の給食は何が出た？」と自分に質問をしているのです。
その質問に答えたからこそ、この文章を書くことができたのです。

通常、自問自答は、頭の中で、超高速で行われています。
それゆえ、私たちには自問自答している自覚がありません。
逆にいえば、この自問自答を意識的・能動的に行うことによって、その子の文章力はぐんぐん伸びていきます。

たとえば、先ほどのハンバーグの文章であれば、以下のような自問自答をくり返すことで、作文の素材（＝情報）が手元に集まります。

自問：**家で食べるハンバーグとどう違った？**
自答：ボリュームはあったけど、パサパサしていた。あと、ソースが少ししょっぱかった。

自問：**おいしくなかったということ？**

自答：うん。だからコッペパンの切れ目に、キャベツと一緒に突っ込んで食べてみた。そうしたら、なかなかおいしいハンバーグパンになった！

自問：**また給食でハンバーグを食べたい？**

自答：うーん、もういいかな。やっぱりハンバーグは、ママが作るやつがいちばんだよ。

わずか3回の自問自答でも、興味深い素材が引き出されました。魅力的な作文になりそうな気配がしてきませんか？

子どもの作文能力を伸ばしたいなら、できる限り早いうちに「自問自答」の習慣を身につけさせることです。

とはいえ、子どもはまだ自問自答がどういうものかがわかっていません。「自問自答しなさい」とアドバイスしたところで、何もできず、フリーズしてしまう子もいるでしょう。

そこで、お父さんやお母さんの出番です。

子どもの自問自答を手伝ってあげてほしいのです。

おススメしたいのが「親子インタビュー」です。

たとえば、子どもが遠足の作文を書けずにいたら、「遠足」をテーマに、子どもと「親子インタビュー」をしてみてください。

- **遠足はどこに行ったの？**
- **そこには何があった？**
- **いちばんおもしろかったことは何？**
- **いちばん感動したことは何？**
- **何か発見はあった？**
- **お弁当は誰と食べたの？**
- **おやつは何を食べた？**
- **何かハプニングはなかった？**
- **どうして、そんなにクタクタになったの？**

という具合に、子どもにさまざまな質問をしていきます。

子どもがその質問に答えていくことで、作文にする「素材」が集まります。

料理と作文は、まったく同じです。

食材がなければ料理は作れませんが、作文も「素材」がなければ作れません。

「親子インタビュー」で手に入るものは、その「素材」です。

この素材が手に入れれば、あとは楽しく料理するだけです。

「親子インタビュー」のやり方や、料理の方法は、この先、詳しくお伝えしていきます。

第2章

作文することで伸びる「子どもの10の能力」

作文を書くことで、伸びるのは国語力――という単純な話ではありません。
作文を書くことは、子どもの多種多様な能力をアップさせます。

❶観察力

作文を書くことで、物事や出来事を「よく見る=観察する」ようになります。注意深く見ること（観察すること）は、あらゆる勉強の第一歩です。観察力が磨かれていくと、物事の全体と詳細を把握しやすくなるほか、「大事なポイント」も押さえやすくなります。

❷理解力

「先生の話」や「テストの設問」を含め、人の話や文章を理解する力が高まります。その結果、学力と成績が総合的に伸びます。理解力が鍛えられると、知識の量も増えていきます。知識が増えれば増えるほど、理解力がより強化され、理解スピードも速くなります。

❸論理力

「論理力」とは物事を筋道立てて考える力のこと。この能力が高まると、物事の道理を見極める力が鍛えられるほか、話をするときや文章を書くときの説得力もアップします。また、根拠や原因を特定する力も磨かれるため、「判断力」や「決断力」も高まります。

❹思考力

思考活動が活発になります。多角的な視点がもてるようになるほか、「抽象」と「具体」を行き来する力もつき、自分の意見が作りやすくなります。脳内のさまざまな情報にアクセスできるようになるため、「アイデア力」や「危機管理能力」「問題解決能力」も高まります。

❺伝える力

自分以外の人に情報や気持ちを的確に伝えられるようになります。意思疎通を含むコミュニケーション力の向上はもちろん、授業中の発言のレベルや、テストの記述式問題の回答レベルも高まります。伝える力がアップするとディスカッションも得意になります。

❻表現力

自分の「気持ち」や「考え」を表現する力に加え、「自分らしさ」を表現する力も高まります。表現力が磨かれると、パーソナリティ（個性）やオリジナリティ（独創性）も輝き始めます。その結果、周囲から注目と人気を集めやすくなります。

❼自分を知る力

自分の「気持ち」や「考え」、価値観などを客観的に把握できるようになります。その結果、状況に応じて、自分の感情や行動をコントロールできるようになります。環境や周囲に流されず、自分の「核（コア）」や「ブレない軸」を作りやすくなります。

❽分析力

情報を並べたり、比較したり、重ねたり、混ぜ合わせたり、割ったり、引いたりする中で、物事（＝情報）を分析する力がアップします。情報分析力が高まれば、よりよい選択をすることや、より確かな意見をもつことができるようになります。

❾共感力

自分と向き合うプロセスをくり返し踏むことによって、また、自分以外の人やモノへ意識

を向けることによって、他者への共感力――人間はもちろん、動物や植物、モノ、自然など、万物すべてへの共感力――が高まります。

⑩行動力

人間の生命活動の中でも極めて重要な能力である行動力がアップします。そもそも「作文を書く」という行為自体が行動力の賜物（たまもの）です。❶～❾の能力のすべてが、この「行動力」を下支えしています。行動力の「ある・なし」は、その後の人生の大きなカギとなります。

作文を書くことは「情報を集める　↓　情報を選ぶ　↓　情報を並べる　↓　情報を伝える」という情報活用プロセスを踏むことです。

このプロセスの中に❶～⑩の能力を高めるエッセンスが多分に含まれています。

作文力を伸ばしていく子は、遅かれ早かれ「自信」という宝物を手に入れるでしょう。なぜなら❶～⑩の能力の高まりを自覚するほか、親や先生やお友だちなど、他者から評価されたり、ホメられたりする機会も増えるからです。

このように、作文を書く力を伸ばすメリットは、単に国語の成績をよくすることだけにとどまりません。社会生活に必要なさまざまな能力を高め、人間を大きく成長させてくれます。

コラム①

ホンネで書いていい

「正しい」ことや「正解」を書かなくてはいけない。——この習慣が身についてしまうと、自分の考えや意見を語ることはおろか、そもそも自分の考えや意見がよくわからない……という状態に陥りかねません。

大事なのは「正しさ」よりも「素直さ」です。

「素直さ＝ホンネ」です。

たとえば、桃太郎の話を読んだときに、「とつぜんももたろうにこうげきされたオニがかわいそう……」や、「宝物をぬすんだオニにだって、きっとワケがあったはず」と書いてもまったく問題ありません。むしろ、「らしさ」を含む立派な意見ではないでしょうか。

魅力あふれる作文は、子どもがホンネで書いたときに生まれるものです。

第3章

食材（＝素材）がなければ料理（＝文章）は作れない

第1章でお伝えしたとおり、料理同様、作文も「素材」がなければ作れません。

子どもの頭の中には、作文を書くために十分な「素材」があります。

しかし、子どもの多くが、その素材を頭の中から取り出すことができません。

なぜなら、その取り出し方を知らないからです。

取り出し方は「**自問自答**」でしたよね。

自問自答とは、〈自分に質問をして、その質問に答える〉というアプローチのことです。

❶自分に質問をする。

❷その質問に答える。

この2ステップをくり返すことで、作文が断然

書きやすくなります。

どうして質問に答えるだけで、作文がうまくなるのか？

自問自答ができない子どもたちも、誰かから質問を受ければ、脳が答えようとします。

たとえば、「担任の先生はどんな人？」と質問すれば、子どもたちは（子どもの脳は）答えを考えます。

「ふだんはやさしいけど、怒るとゴリラになる」
「授業がおもしろい。４コママンガの資料を作ってくれるところが好き」
「お姫様みたいな先生。いつもかわいい服を着ているの」

こんなふうに答えたときに、その子はもう作文を書き始めたようなものです。

人の頭の中にあるものは曖昧模糊（あいまいもこ）とした「幻」のようなものです。

話すという行為は、その「幻」を「形（情報）」に変えていく重要なプロセスです。

質問に答えることで（幻を形にすることで）、子どもは自分の気持ちに気づいたり、意見を作り出したりします。

このやり取りをくり返すことで、作文の素材がどんどん手元に集まります。

それと同時に、子どもの「思考力」や「言語活用力」もみるみる鍛えられていきます。

子どもの作文力を育む「親子インタビュー」のススメ

本来、自問自答は、（文字どおり）自分ひとりでするものです。

しかし、子どもが小さいうちは、親が適切にサポートしてあげる必要があります。

質問するときのポイントは以下のふたつです。

❶まずは、ざっくばらんにいろいろな質問をしていく。
❷その子「らしさ」が光る答えが出たら、その「らしさ」を掘り下げる質問をする。

答えをいうときに、子どもの目がパッと輝いたり、声が大きくなったり、前のめりになったりしたときは、そこには「らしさ」が含まれている可能性が「大」です。

子どもの「らしさ」を見つけたときは、その「らしさ」が輝くよう、深掘りする質問をしていきましょう。

「親子インタビュー」の量を増やすことで、その子の作文能力はグングン伸びていきます。なぜなら、「質問を受ける→回答を受ける」のプロセスに慣れることで、子どもの思考回路が開けていくからです。

「**話す＝アウトプット**」です。

話せたことは書けますが、話せないことは（＝考えていないことは）書けません。

「親子インタビュー」を通じてアウトプット量を増やしていくことは、文章作成に必要な素材を増やしていくことにほかなりません。

親が日常的に子どもに質問をすることは、子どもにとって精神衛生上のメリットもあります。子どもは親の関心が自分に向いているかどうかに敏感です。

ふだん親からたくさん言葉をかけてもらえている子ほど大きな安心感を得ています。

一方、言葉をかけられていない子は、安心感を得られていないかもしれません。

「親子インタビュー」の真骨頂は、親子のコミュニケーションを活性化させることであり、なおかつ、親子間で「愛情」の行き来を起こすことなのです。

「親子インタビュー」をするときのみっつの注意点

❶「詰問」をしない

「親子インタビュー」には、みっつの注意点があります。

それは、「詰問（きつもん）しないこと」と「誘導尋問（ゆうどうじんもん）をしないこと」、そして、「子どの答えを否定しないこと」です。


「詰問」とは、相手を責めて厳しく問いただすこと。

「親子インタビュー」は、子どもを叱るためのものでも、子どもの口を割らせるためのものではありません。

楽しく会話のやり取りをしながら、子どもの素直な「気持ち」や「考え」を引き出していくためのものです。


詰問されると、子どもはストレスを感じ、安心感を得られません。

高圧的に質問されると、子どもは、そのストレスから逃げようと、嘘をついたり、ごまかしたりしてしまうおそれがあります。

これは、子どもの人格形成や精神衛生面において危険なことです。

「親子インタビュー」では、子どもが安心して「本音をいえる場」を作ることが、その大前提となります。

質問ばかりでなく、ときには「そういえば、ママも小さいときは駆けっこが嫌いだったなあ」のように、自身の意見や体験なども交えることでコミュニケーションが活性化します。

②「誘導尋問」をしない

なお、詰問同様に「誘導尋問」もＮＧです。

たとえば「リレーで負けて悔しかったね？」と聞くのは、明らかに誘導尋問です。本人は、「悔しい」と思っていないかもしれません。

中には、「リレーで負けると悔しがらなくてはいけないのか」と思い込んでしまう子もいます。誘導尋問をすることは、子どもの思考停止を招きます。

「親子インタビュー」をするときは、親が誘導尋問の危険性に自覚的でなければいけません。誘導どおりの答えは、子どもの本当の「考え」や「意見」でないことがほとんどだからです。

もちろん、そんな素材を使って作文を書いても、楽しいはずがありません。

なお、親がインタビューをあせると、誘導尋問になりやすくなります。「親子インタビュー」は、子どもと向き合う大切な時間です。あせらず、せかさず、子どもの「考えて答えを出すプロセス」を見守りましょう。

❸子どものどんな答えも、否定せずに受け止める

子どもが答えたことに対する親（質問者）の反応は極めて重要です。「親子インタビュー」で子どもが答えたことは、否定せず、良し悪しをジャッジせず、100%受け止めましょう。

たとえば、お父さんが「リレーで抜かれたときは、どういう気持ちだった？」と質問した際に、子どもが「うれしかった」と答えたとします。

このときに、質問したお父さんが「おいおい、うれしかったってことはないだろう？」と否定したり、「ふざけるな！」と声を荒らげたりしてはいけません。

自分の素直な気持ちを受け入れてもらえなかった子どもは〈もう二度と本当のことは話さない〉と思ってしまうかもしれません。

親が取るべき反応は、どんな答えであれ「子どもの答えを受け止めること」です。

何を答えても、親がきちんと受け止めてくれる。

子どもにとってこれ以上の安心感・喜びはないはずです。

親が〈あなたのことをいつも受け止めるからね〉という姿勢を見せることは、子どもの情緒にもいい影響を与えます。

自己肯定感が高まり、安心感と自信をもって物事に取り組めるようになります。


それに、リレーで抜かれた場面を「うれしかった」と振り返るあたりは、むしろ、その子の「らしさ」ではないでしょうか。

多くの子が「悔しかった」「悲しかった」といいそうな場面で、なぜその子は「うれしかった」と言ったのか？　その言葉の裏に隠されている気持ちやホンネまで引き出すことができれば、ユニークな作文になりそうです。


たとえ、それが強がりから出た言葉であったとしても、その強がりを含めて、その子の「らしさ」と受け止めてあげてください。

「親子インタビュー」では、親の寛容さ、人間的な器の大きさが求められます。

いいえ、親自身が寛容さと器の大きさを身につけるチャンスともいえます。

「親子インタビュー」を通じて、子どもが〈そうか、人と違うところは、すばらしい個性なのか〉と確信したとしたら、その子の作文は、その先、どんどん魅力的になっていくはずです。

「よくわからない」への対処法

たとえ、子どもが「うーん、よくわからない」という答え方をしたとしても、「しっかり考えなさい！」「ちゃんと答えなさい！」などと怒ってはいけません。

その子にとって「リレーで抜かれたこと」は、たいして重要なことではないのかもしれません。「親子インタビュー」で大事なのは、その子にとって興味や関心の高い情報を引き出すことです。

子どもの答えや表情がパッとしなければ、そこに鉱脈はないかもしれません。質問のアプローチを変えるなどして、粘り強く鉱脈を見つけましょう。

もっとも、「うーん、よくわからない」と答えた子どもが、その「気持ちを表現する言葉を持っていない」と判断したときは、親が少しだけ手を差し伸べてあげてもいいでしょう。

「**悔しいとか、悲しいとか、恥ずかしいとか、楽しいとか、人にはいろいろな感情があるでしょ？　タクはどんな気持ちだった？**」のように、（詰問や誘導尋問にならない程度に）「気持ちの選択肢」を示してもいいでしょう。

なお、その子がリレーで抜かれた際、何かしらの特別な気持ちをもっていたにもかかわらず、「本心」や「照れ」を隠すために「うーん、よくわからない」といったように感じられたときは、どうすればいいでしょうか？

対処法としては、子どもが「よくわからない」といわざるをえなかった気持ちを「そっか」と受け止めてあげてください。

くり返しになりますが、「親子インタビュー」では、子どもに安心・安全を感じてもらうことが何より肝心です。

親は粘り強く、その場を作ることに注力しましょう。

つまり、子どものすべてを「受け止める姿勢」を貫き続けるのです。

親のジャッジが「作文嫌い」の遠因

親の質問に対して、次のような答えが飛び出すこともあります。

「運動会なんてつまらない！　運動もリレーも大嫌い！」

とても素直でパワフルな答えではないでしょうか。

その子の「らしさ」が輝いています。

どうして運動会が嫌いなのか、その理由を聞いてみるといいでしょう。

きっとユニークな作文ができるはずです。


くり返しになりますが、子どもの答えに対して、親が、その良し悪しをジャッジしてはいけません。

子どもの口から発せられる言葉のすべてを尊重してあげてください。

最悪なのは「運動会はおもしろいでしょ?」「もっと楽しまないとダメよ」などのリアクションです。

そうした言葉を、子どもは否定や拒絶と捉えてしまうことがあります。

親と子どもは別人格です。

ジャッジしない
運動会なんてつまんない！何で勝たなきゃいけないのかさっぱりわかんないよ！
そっか「何で勝たなきゃいけないか」っていいテーマだね。そこに気づけたなんて、さすがだね

仮にそれが、親の予想や見立てとは違う答えだったとしても、何の問題もありません。

それが、その子の「らしさ」です。

その「らしさ」を親が認めてあげることで、自己肯定感は高まり、自信は深まっていきます。

もちろん、その変化は、その後の作文にも表れていくでしょう。

【攻守交代】子どもからの逆インタビューを受ける

子どもの自問自答力を高めるためには、子どもに「質問をする経験」を積ませることも大事です。

ですので、子どもへのインタビューが終わったら、こんどは親が、子どもからのインタビューを受けてください。

以下は、インタビューテーマの一例です。


「お父さん（お母さん）の趣味について」

「お父さん（お母さん）の子ども時代について」

「お父さん（お母さん）の仕事について」

「お父さん（お母さん）の苦手な〇〇について」

「お母さんとお父さんの出会いについて」

「いつ？」「どこで？」「誰と？」「なぜ？」「そうして？」「どうやって？」「どれくらい？」など、さまざまなパターンで質問することによって、子どもの質問力が鍛えられていきます。

もちろん、インタビューされる側である親は「そんなこと聞いちゃダメ！」などと無粋なことはいってはいけません。

ノーコメントで逃げるのもNGです。

これは子どもの能力を育てるための大事なエクササイズです。

質問に答える親の姿勢を子どもは見ています。

子どもに素直さを求めるなら、まずは親が素直にならなくてはいけません。

質問（自問）する能力は、親への逆インタビューによって鍛えられていきます。

逆質問
パパ！
パパは何でママと結こんしたの？
そ、それはだなあ、若い頃はパパもいろいろなやんだんだけど、結局、その、なんだ…

もちろん、ふだんから子どもとの会話量を増やして、質問をしたり、答えたりする環境を整えておくことが、子どもの自問自答力を伸ばす最もいい方法です。

楽しく実践「親子インタビュー」

子どもが運動会の作文を書かなければいけないときは、どのようなインタビューをすればいいのでしょうか。

以下はインタビューの質問例です。

- **今日の運動会でいちばん楽しかったことは？**
- **今日の運動会で何がうれしかった？**
- **今日の運動会で悔しかったことはある？**
- **今日の運動会で感動したことはあった？**
- **リレーで前の子をよく抜いたね！　あのとき、どういう気持ちだった？**
- **リレーでは最後に抜かれちゃったね。あのときは、どういう気持ちだった？**
- **赤組の優勝、おめでとう！　はじめから優勝する自信があった？**
- **赤組の優勝、おめでとう！　赤組はどうしてあんなに強かったのかな？**

- **赤組、優勝できなかったけど、いまどんな気持ち？**
- **赤組、優勝できなかったけど、優勝した青組との差は何だったのかな？**
- **応援合戦、楽しそうだったね。応援しているときは、どんな気持ちだった？**
- **運動会までに頑張ってきた練習の成果は出せた？**
- **今回の運動会で、もし自分で自分に点数をつけるとしたら何点？**

もちろん、大事なのは、子どもが特別な反応をしたときや、ユニークな回答をしたとき、あるいは、「らしさ」が光る回答をしたときです。

その「答え」の中から、さらに魅力的な情報を引き出すべく、親は深掘りする質問をしていきましょう。

いかにして子どもを饒舌にさせられるか——そこがインタビュアーの腕の見せどころです。

第4章

子どもへの質問力を磨こう

「親子インタビュー」をしたいけど、質問力が足りなくて困っています――という人のために質問のアプローチをご紹介します。

質問に困ったら参考にしてみてください。

●「親子インタビュー」に使える10の質問

❶いつ？
何時に？／いつまでに？／いつ頃？

❷どこで？
場所はどこ？／行き先は？

❸だれが？
その人はだれ？／先生はだれ？／班長さんはだれ？／だれがいた？

❹だれに？
だれにいわれた？／だれにホメられた？／だれに渡した？

❺何を？
それって何？／何をした？／何を使った？／何をもらった？／何を思った？／何の話？／何のゲーム？

❻どっちを？

どっちが好き？／どっちを食べたい？／どっちに行く？／どっちを選ぶ？

❼なぜ？（どうして？）
なぜ泣いた？／なぜ嫌いなの？／なぜそう思う？／どうしてそう思った？／どうして怖かった？

❽どんな？
どんなふうにする？／どんなやり方？／どんな状態？／どんな様子／どんな気分？

❾どのくらい？
どのくらいの数？／どのくらいの時間？／何人？／何個？／どれくらいの速さ？／どれくらい食べた？

❿いくら？
いくら？／お小遣いはいくらほしい？

●子どもがワクワクする「五感質問」

⓫視覚
何が見えた？／どんな景色？／どんな形？／どんな色？／どんな顔？／どんな様子？

⓬聴覚
何が聞こえた？／どんな音？／どんな声？／どんな鳴き声？／どんな音楽？

⑬嗅覚

どんなにおい？／どんな香り？／何のにおい？／においはする？

⑭味覚

どんな味？／おいしかった？／どんなおいしさ？／辛い？／甘い？／しょっぱい？／酸っぱい？／苦い？

⑮触覚

どんな感触？／どんな痛さ？／どんなかゆさ？／どんな座り心地？／どんな食感？／どんな歯ごたえ？

▼▼▼「五感」については第12章で詳しく紹介します。

●想像力がグンと広がる「もしも質問」

⑯仮定

もしも夢がひとつ叶うとしたら？／もしも地球以外の星に住むとしたら？／もしも間違いだったら？／もしもひとつだけ選ぶとしたら？

▼▼▼「もしも」については第9章で詳しく紹介します。

❶～⓰の中でも、とくに多用してもらいたい質問が❼の「なぜ」です。

作文に理由や根拠が書かれていると、読み応えと説得力がアップします。

また、「なぜ」の答えが書かれていると、その子が「何をどう考えているのか」「物事をどう捉えているのか」、そうした思考のプロセスも垣間見えます。

世の中は不思議で満ちています。

「なぜ」で考えることは、好奇心を持って、その不思議に足を踏み入れることです。

ときには、「なぜ自分はこう思うのだろう？」と、はっきりとしない「自分の感情」に深く分け入っていくこともあるでしょう。

「なぜ」で考えることは、さまざまな知識を増やしていくことであり、また同時に、物事や自分自身を深く理解していくことでもあります。

コラム②

どんな言葉を使ってもいい

「きれいな言葉」や「正しい言葉」を使ってほしいという親の気持ちもわからなくはありません。

しかし、作文を書く際、過度に言葉を制限するのはよくありません。

「こんにゃろー、いまに見てろよ！」

「チキショー、ああムカつく！」

たとえば、こんな表現に対して、「そんな汚い言葉をいってはダメ」といってしまうのは無粋です。

「こんにゃろー」も「ムカつく」も、その子にとって、心の底で感じた素直な思いです。

子どもが書く作文は、ふだんはいえない（フタをしている）心の叫びでもあります。

親がそれを受け止めてあげることで、子どもは「感情面での癒やし」と『愛されている』という実感」を得ることができるのです。

こんな言葉でOK？
「キー！」
「ムカつく！」
「あのバカヤロー！」
…って書いていいのかなぁ？
うーん

第５章

論理的な思考を作る魔法のテンプレート術

「文章テンプレート」のススメ

料理のレシピ同様、作文にも「作る順番（＝書く順番）」があるといいと思いませんか？

そこでおススメしたいのが「**文章テンプレート**」です。

「文章テンプレート」とは、文章の流れ（順番）を示したガイドのようなものです。

ガイドの案内についていくだけで、文章ができあがっていきます。


本来なら低学年の子どもにテンプレートは必要ありません。

自由な発想で、自由に書き進めていくことで、作文の楽しさを感じることができるからです。

しかし、作文初心者や、「作文嫌い」を患っている子どもは、「自由に書きなさい」といわれればいわれるほど、どう書いていいかわからなくなる、という傾向があります。


そのひとつの解決策として、文章テンプレートを提案します。中でも低学年に合っているのが「メッセージ型」です。

とてもシンプルな型で「①**メッセージ**→②**理由**→③**未来**」の順に流れていきます。

最初にメッセージをビシっと書くことで、作文の背骨が明確になります。

このテンプレートを使うときのコツがあります。

それは「メッセージを何かひとつに絞る」というものです。

たとえば、お題が「わたしの好きなもの（こと）」だった場合、「わたしは、食べることと、ねることと、あそぶことが大好きです」とたくさん書いてしまうと、その続きの文章が書きにくくなってしまうことがあります。

読む人にとっても、メッセージはみっつよりもひとつのほうが頭に入りやすいものです。

書きたいメッセージがありすぎて（＝頭が混乱して）筆が進まない子どもには「メッセージをひとつに絞ってみたらどう？」とアドバイスしましょう。

以下が「メッセージ型」の基本です。

メッセージ→理由→未来
ぼくは「ファミコン」をやってみたいです。なぜかというと、お父さんが小さいころはまっていたという話を聞いて楽しそうだと思ったからです。夏休みに、おばあちゃんの家からもってきてくれるそうなので、今から楽しみです。

●お題１：わたしの大好きなもの（こと）

❶メッセージ：わたしは［　　　　］が大すきです。

❷理由：その理由は［　　　　］（だ）からです。

❸未来：（今度は／しょうらいは／次の〇〇では）［　　　　］してみたいです。

以下は書き込み例です。

❶メッセージ：わたしは［走ること］が大すきです。

❷理由：なぜかというと［あせをかくと気持ちがいい］からです。

❸未来：次の運動会では［リレーでいちばん］になりたいです。

どうしても書き込めない子には「親子インタビュー」でサポートしてあげましょう。

質問1：**メッセージを決める質問**　↓　例：**太郎の好きなもの（こと）はなに？**
質問2：**理由を見つける質問**　↓　例：**どうして走ることが好きなの？**
質問3：**未来を見つめる質問**　↓　例：**走ることで、どんな夢を実現したい？**

なお、「❸未来」は、作文のテーマや、その子の作文の内容に応じて、アレンジしてOKです。

●お題2：わたしは◯◯に行きたい！

「質問例1：行きたい場所はどこ？【メッセージ】
「質問例2：どうしてそこに行きたいの？【理由】
「質問例3：そこに行ったら何をしたい？【未来】

❶メッセージ：わたしは［ディズニーシー］に行きたいです。

❷理由：なぜかというと［ダッフィーに会いたい］からです。

❸未来：ダッフィーに会ったら［だきついていっしょに写真をとりたい］です。

●お題３：わたしは○○が大嫌い！

「質問例１：大嫌いなものはなに？【メッセージ】
「質問例２：どうして嫌いなの？【理由】
「質問例３：その嫌いなものをどうやっつける？【未来】

❶メッセージ：ぼくは［ゴキブリ］が大きらいです。

❷理由：なぜかというと［見た目が気持ち悪く、とつぜんあらわれる］からです。

❸未来：ゴキブリが出たら［お母さんに、スプレーでやっつけてもらいます］。

●お題４：わたしの将来の夢

「質問例１：将来の夢はなに？【メッセージ】
「質問例２：どうしてその夢をもったの？【理由】
「質問例３：夢が叶ったら何をしたい？【未来】

❶メッセージ：わたしは、しょうらい［お医者さん］になりたいです。

❷理由：なぜかというと［ケガをしている人や、病気で苦しんでいる人を助けてあげられる］からです。

❸未来：お医者さんになったら［日本で一番しゅじゅつがうまくなって、たくさんのかんじゃさんをなおしてあげたいです］。

●お題5：もしもわたしが○○に変身したら

「質問例1：変身したいものはなに？【メッセージ】

「質問例2：どうして変身したいと思ったの？【理由】

「質問例3：○○に変身したら、何をしたい？【未来】

❶メッセージ：わたしは［おひめさま］に変身したいです。

❷理由：なぜかというと きれいなドレスを着て、たくさんのほう石をつけて、いつでもかわいくいられる からです。

❸未来：どうせなら、山の上にあるおしろで、王子さまといっしょにくらしたいなあ。

●お題6：わたしの大しっぱい

「質問例1：どんな大失敗をした？【メッセージ】
「質問例2：どうしてその失敗をしちゃったと思う？【理由】
「質問例3：二度と同じ失敗をしないためにはどうする？【未来】

❶メッセージ：今日、ぼくは しゅくだいのノートを家にわすれてしまいました。

❷理由：きのうの夜、しゅくだいをすませてから、すぐにランドセルにしまわなかったからです。

❸未来：こんどからは、しゅくだいがおわったら、すぐにノートをランドセルにしまいます。

それから、朝でかける前に、もう一回ランドセルの中をチェックするようにします。

このように、使い勝手のいいテンプレートを用意することで、作文初心者や、作文が苦手な子どもも、気軽に作文に取り組むことができます。

穴埋め感覚で楽しめるため、作文に対する心理的な不安も取り除けるでしょう。

理由は複数あってもOK

「メッセージ型」の「❷理由」が複数あるときは、複数書いてみましょう。

文章がふくらんで読み応えと説得力が増します。

以下のテンプレートのように「❷理由」の書き込みスペースを、必要な個数用意するだけです。

●テーマ「わたしの好きなもの」

❶メッセージ：わたしは［　　　　］が大すきです。

❷理由：その理由は（ふたつ／みっつ）あります。

「理由1：ひとつめは［　　　　］です。

「理由2：ふたつめは［　　　　］です。

「理由3：みっつめは［　　　　］です。

❸未来：（今度は／しょうらいは／次の〇〇では）［　　　　］してみたいです。

以下は、理由がみっつあるときの作文例です。

●テーマ「わたしの好きなもの」

❶メッセージ：わたしは［走ること］がすきです。

❷理由：その理由はみっつあります。

「理由1：ひとつめは あせをかくと気持ちがいい からです。

「理由2：ふたつめは かけっこでお友だちに勝てる からです。

「理由3：みっつめは 体育の時間に先生にほめられる からです。

❸未来：次の運動会では リレーでいちばん になりたいです。

複数の理由をあげることで、（理由がひとつのときよりも）「走ることが好き」という気持ちがより強く感じられます。

書き上げた子どもには、「そっか、だから走ることが好きなんだね！」「理由がみっつもあってスゴいね」「リレーでいちばんになれるよう頑張ろう！」のように、作文の内容を受け止める「声がけ」をしてあげてください。

親が作文内容を無条件に（！）受け止めてあげることで、子どもは、自分の「気持ち」や「考え」を表現することへの自信も深めていきます。

「複数の理由をあげる」と書きましたが、個数はふたつかみっつが理想です。

4つも5つもあると、読む人がお腹いっぱいになってしまうおそれがあります。

4つも5つもあるときは、優先順位の高いみっつを選ぶようにしましょう。

うまく書けないときは「うまく書けないこと」を書こう

中には、テンプレートを使っても、あまりうまく書けない子どももいます。

そうだとしても、子どもを責めてはいけません。

その子はその子なりに、「わたしの好きなもの」や「わたしの夢」と向き合ったはずです。


なお、うまく書けないことを書く。これも立派な作文です。

●テーマ4：わたしの将来の夢

❶メッセージ：ぼくは、自分がしょうらい何になりたいのか、よくわかりません。

❷理由：なぜかというと たくさんの仕事がありすぎて、ひとつに決められないのです。サッ

カーせんしゅになりたいと思うときもあれば、パイロットになりたいときもあるし、学校の先生がいいなあ、と思うときもあります。

❸未来：もう少し勉強しながら、自分がつきたい仕事を決めたいと思います。

テンプレートのいいところは、子どもたちがゼロから文章を生み出すのではなく、「穴埋めゲーム」の感覚で取り組める点にあります。

おそらくお父さんお母さんの中にも「このテンプレートは大人でも使えそう」と思った人がいるでしょう。

実際、大人にも「文章テンプレート」は有効です。

子どもがテンプレートを使って作文を書くときは、ぜひお父さんお母さんも、一緒にテンプレートを使って文章を書いてみてください。

子どもはいつでも親の背中を見ています。

コラム③

イエローカードを出さなくてはいけないケース

たとえば「太郎くんは、いじわるだから大きらい。死んじゃえばいい」と書いたとしましょう。

このとき、あなたはどう対応しますか？

「そっか、太郎くんは意地悪なんだね。タクがそういう気持ちだということはよくわかった」

まずはそんなふうに、いっさいのジャッジを加えず、子どもの気持ちをフラットに受け止めてあげてください。

そして、十分に間を空けたうえで、「じゃあ、もし誰かがタクのことを『死んでしまえ』と書いたらタクはどう思う？」と聞いてみましょう。

このときも「詰問」や「誘導尋問」になってはいけません。

「タクがそんなふうにいわれたらママは悲しいな」

こんなふうに、ていねいなやり取りを重ねながら、言葉の表現について一緒に考える機会にしてみるといいでしょう。

子どもがイエローカードに近い表現をしたときこそ、その子と心を通わせてください。

作文による「真の情操教育」とは、そういうことです。

第6章

文章をふくらませたいときは「理由」のあとに「具体例」を入れる

「具体例」を盛り込んでみよう！

テンプレートを使いこなせるようになったら、もっと長文を書きたくなるでしょう。
そんなときは、「❷理由」のあとに、「具体例」を盛り込んでみましょう。
具体例にはいろいろなパターンがあります。
自分の体験談、お兄ちゃんやお姉ちゃん、お友だちや先生のエピソードも具体例です。

前章で紹介した「わたしの将来の夢」の作文を例にあげます。

❶メッセージ：わたしは、しょうらい［お医者さん］になりたいです。

❷理由：なぜかというと［ケガをしている人や、病気でくるしんでいる人を助けてあげられる］からです。

具体例：［　］

❸未来：お医者さんになったら 日本でいちばんしゅじゅつが上手くなって、たくさんの かんじゃさんをなおしてあげたいです。

理由を伝えたあとに具体例（書き手の体験談）を挟んでみます。

自分の体験談

一年くらい前のことです。ねつが40℃くらいまで上がって、死にそうになったことがあります。あたまがものすごくズキズキして、そのままバクハツするんじゃないかと思いました。夜はくるしくてねむれませんでした。

次の日、ママと病院に行ったら、インフルエンザという病気だということがわかりました。お医者さんは「クスリを飲めばなおるからね。」とやさしく声をかけてくれました。

家に帰って、わたしは、すぐにそのクスリを飲んでねました。すると、ねつが下がっていきました。あたまのいたみもスーっと消えて、本当にうれしかったです。

そのときに、お医者さんってまほうつかいみたいでスゴいなあ！　カッコいいなあ！　と思いました。

この子は、自分がインフルエンザにかかったときの体験談をとりあげました。

自分に病気やケガの体験がなければ、それ以外のエピソードに目を向けます。

「お医者さんがおばあちゃんの病気を治してくれた話」や「健康診断の先生が優しくしてくれた話」「テレビドラマの主人公のお医者さんの手術シーンがカッコよかった話」など、その子にとって印象的なエピソードを選択すればいいでしょう。


具体例を盛り込むことによって、文字数が増えるほか、臨場感が生まれて、読む人が感情移入しやすくなります。


なによりも「体験談＝リアリティ」です。

その子の「らしさ」がストレートに表現されやすくなります。

自由に思考を旅する「キーワードふくらませ作戦」

テンプレートはあくまでも作文に慣れるまでのエクササイズです。

低学年の子どもが書く作文に、正解や正しさは求めてはいけません。

もちろん、社会人が書く報告書のように整理された文章である必要もありません。

その子が自由に思考を旅しながら、原稿用紙の上に、自分の「らしさ」を表現していくことが肝心です。

にちよう日の夜、お父さんとお祭りに行きました。わたあめがおいしかった。空を見上げたら、まんまるい月が明るく光っていました。


自由に書き始めたものの……ここで書いて手が止まってしまいました。

こういうときこそ、想像力や妄想力、連想力の出番です。

「キーワードふくらませ作戦」を実施して、これらの能力のスイッチをオンに切り替えます。

すでにこの文章には、ふくらみそうなキーワードがたくさん出てきています。

「にちよう日」「夜」「お父さん」「わたあめ」「おいしかった」「空」「まんまるい月」などです。

いずれも、ふくらませ甲斐のあるおもしろそうなキーワードばかりです。

親御さんは、質問でサポートしてあげてください。

・にちよう日

▼**日曜日は平日と何が違うの？　日曜日はどういう気分になる？**　「そうそう、日曜日といえば～」という具合に、日曜日の思い出などに話が移っても構いません。

・夜

▼**ふだん夜に出かけることはある？　夜はどうして暗いのかな？　夜といえば何を思い出す？**　大きなテーマだけに、一人ひとり考えることや思うことも違うでしょう。「夜は怖くて嫌いだけど、お祭りの夜は楽しいから大好き！」という展開もありでしょうし、「きっと神様が人間を休ませるために夜をつくったんだと思う」のように、その子らしい意見を熱く語ってもＯＫ。なかなか哲学的な作文になりそうですね。

・お父さん

▼**お父さんはどんな人？**　見た目や性格、お仕事、趣味、家での様子など、いろいろと出てきそうです。お父さんにいわれて「うれしかった言葉」や「悔しかった言葉」、お父さんとの思い出のエピソードにフォーカスしてもいいでしょう。

・わたあめ

▼**わたあめって何からできているのかな？　わたあめってどうしてベトベトするのかな？　わたわめを食べるとき、どんな気持ちになる？　わたあめの形って何に似ている？**　ふだんなかなか食べない「おやつ」だけに、いろいろと想像・妄想がふくらみそうです。

・おいしかった

▼**おいしかった理由は味だけかな？**　そんなふうに子どもの思考を広げる質問を投げてもいいでしょう。「夜の道を食べ歩きしたからかも！」「お父さんがわざわざ並んで買ってきてくれたからかな？」「ゆかたを着て食べたからかも」という具合に、その子の「らしさ」や「価値観」が浮かび上がってきそう。

・空

▼**ふだん空を見上げることはある？　夜の空には何がある？　空の向こうには何がある？　昼の空と夜の空は何が違う？**　「夜」同様、大きなテーマです。思わぬ「考え」が浮かんだり、新たな「意見」が生まれたりするかもしれません。「ぼくは、いつかかならずUFOを見つけます。だから、いつも空を見はっているんだ！」なんていう作文もワクワクします。

・まんまるい月

▼**どうして月はいつも形が違うのかな？　月はいったい何でできているのかな？　どんな形の月が好き？　月が見えない夜、月はどこに行っちゃったのかな？　月のような人は誰？　月は誰がつくったのかな？　月には誰か住んでいるのかな？**　月は現実のものでありながら、ロマンや神秘性も秘めています。いろいろな意見や発想が出てきそうです。

こんなふうに、親子インタビューや自問自答を行えば、世の中に、文章にできないものはひとつもありません。

もちろん、お題を意識することも大事ですが、それよりも大事なことは、子どもに思考の旅をさせることです。

第7章

魔法の質問で名読書感想文を書こう

子どもが苦手とする作文のひとつが「読書感想文」です。

作文を書かなくてはいけないことに加え、本も読まなくてはいけない。

子どもによってはダブルパンチで辛い……という気分なのかもしれません。

でも、そんなときこそサポーターである大人の出番です。


課題図書が決まっていないときは、子どもが読みたい本を選ばせてあげましょう。

オトナの決めつけで高尚な本を読ませようとすると、子どもの「読みたくないスイッチ」がオンになります。


どんな本を選ぶかは、ファミリーレストランで何を食べるか、に似ています。

大好物なら喜んで食べますが、嫌いな食べ物なら嬉しくも、おいしくもありません。

「わー、おいしそう！（＝わー、おもしろそう！）」と本人が喜ぶ本を選ぶことが大切です。

読書感想文の「あらすじ」は数行でＯＫ！

読書感想文は子どもの感想を書くものであって、本のストーリーを要約するものではありません。「本の『あらすじ』は数行でいいんだよ」と伝えてあげてください。

以下は桃太郎の「あらすじ」例です。

●少し短め

主人公は、ももから生まれたももたろう。おじいさんおばあさんのもと、元気に育ったももたろうは、犬とサルとキジをなかまにしてオニたいじへ向かうことに。オニとの対決はそうぜつでしたが、さいごはみごとオニをやっつけました。オニからたからものをうばいかえしたももたろうは、村にもどり、おじいさんやおばあさんと幸せにくらしました。

●かなり短め

ももから生まれたももたろうが、なかまといっしょにオニたいじをする、ハラハラドキドキのぼうけんストーリーです。


原稿用紙に1枚近くダラダラと書かれた「あらすじ」は読みにくいうえ、読む人の関心を損ねてしまうおそれもあります。

そもそも「あらすじ」は「感想」ではありません。

「3行でまとめてみようか」のように、制限を加えてナビゲートしてあげましょう。

読書感想文に使える10の質問

本を読んだけど、何をどう書けばいいかわからない……。

そんなときこそ「親子インタビュー」が大きな効果を発揮します。

魅力的な感想文になるよう、いろいろなアプローチで質問をしていきます。

以下は、読書感想文に使える質問項目です。

質問❶：どうしてこの本を選んだの？

質問❷：本の「あらすじ」を短く話してみて

質問❸：ひと言で本の感想（意見）をいってみよう！

質問❹：（❸の答えを受けて）どうしてそう思ったの？

質問❺：この本で好きな場面（セリフ）は？

感想文
そう言えば、自分も「むかし、あるところにおじいさんとおばあさんがいました。…楽しかったです」って書いてたけど、いや、ぜんぜん楽しくなかったなぁ。

質問❻：どうしてその場面（セリフ）が好きなの？
質問❼：自分と主人公が似ている点（または違う点）はどこ？
質問❽：もし自分が主人公だったらどうしていた？
質問❾：この本から学んだことをどう活かしていきたい？
質問❿：この本をどんなお友だちにおススメしたい？

こうした質問に答えた子どもは、その答えを素材に作文を書いていくことができます。
以下は、読書感想文の一例です。

「わー、ももから人がとび出してきた。」
本屋さんで、わたしは声を出してしまいました。
ももからげんきに子どもが飛び出してくる本の絵がおもしろかったので、わたしは、この本をよむことにしました。【質問❶の答え】
主人公は、ももから生まれたももたろう。おじいさんおばあさんのもと、強くたくましく育ったももたろうは、犬とサルとキジを仲間に引き入れて、オニヶ島へオニたいじに向かうことになりました。【質問❷の答え】
わたしは、「ももたろうって頭がいい！」と思いました。【質問❸の答え】　なぜかというと、ひとりでオニとたたかっても、負けてしまうかもしれないからです。【質問❹の答え】　じっ

さい、オニをたいじするシーンでは、犬がオニにかみつき、サルはツメで引っかき、キジはクチバシで目をつつき、ももたろうはオニをなげとばしました。チームプレーのしょうりでした。**【質問❺の答え】**

これって、クラスでの役わり分たんに似ていると思いました。きれい好きな子が「美化係」、字がじょうずな子が「黒板係」、明るい子が「レク係」、どうぶつが好きな子が「しいく係」。みんなが好きなことやとくいなことをいかして係についているおかげで、クラスがまとまっているのだと思います。ももたろうは「ワンチーム」のものがたりだと思います。**【質問❻の答え】**

もしも、わたしがももたろうだったら、ひとりでおにヶ島に向かって……まけていたかもしれません。**【質問❼❽の答え】** 自分ひとりの力だけではどうにもならなそうなときは、ちゃんと友だちに「たすけて」といえるようになろうと思いました。それと、わたしも、ももたろうのようなゆう気をもてるようになりたいです。**【質問❾の答え】**

この本を読むと、仲間のたいせつさがよくわかります。「自分にはあまり友だちがいない」となやんでいる子に読んでもらいたいです。**【質問❿の答え】**

❶～❿の質問の答えを素材に書くだけでも、読み応えのある読書感想文ができあがります。
もちろん、❶～❿以外にも、お父さんお母さんが、どんどん質問をしてOKです。

また、子どもの「らしさ」が光る答えが出たときは、そこをさらに深掘りする質問もしていきましょう。

例文はきれいにまとまっていますが、本の大筋から脱線して「ももから人間が生まれるなんてことが本当にあるんだろうか？」と疑問の中に飛び込んだり、「ももたろうよりもルフィのほうがきっと強い」と比較考察をしたり、「オニは本当に悪いことをしたのだろうか？」とオニの擁護論を展開したり……どんな方向にペンが進んでもＯＫです。

思考の旅は、ルートの決まったパックツアーではありません。

自由気ままに行きたい方向・場所に行けるバックパッカーの旅人なのです。

コラム④

みんなが読みたくなる「題名」のつけ方

題名もまたその子「らしさ」を表現するポイントです。

●平凡な題名

・サンタさんからのプレゼント
・サンタさん、ありがとう

●個性的な題名

・サンタさんって神様みたい！
・あーあ、サンタさんに会いたかったなあ
・きめた！　オレ、サンタさんの弟子になる！
・エントツはなくても、サンタさんは来てくれた
・サンタさん、プレゼントをまちがえないでよ！

「平凡な題名」よりも「個性的な題名」のほうが、作文を読みたくなります。

第８章

楽しく作文が書ける９つの「お題」

作文も一種のゲームです。

お題がつまらなければ、子どもは書きたい気持ちになりません。

一方で、お題が楽しければ、子どもは書きたくなるものです。

本章では、自宅で楽しく書ける9つのお題を紹介します。

❶「大ぼら作文」で「書けない」にサヨナラしよう

「ウソはついちゃダメよ」とか「ホラばかり吹かないの」――そんなふうに子どもをしつけている親御さんは多いでしょう。

もちろん、ウソをつくことはよくありませんが、原稿用紙の上では大目にみてあげましょう。

本当にあったことを書くことは苦手でも、想像や空想なら、喜んで書く子もいます。

「大ぼらを吹く＝フィクションを書く」です。

「ねーねー、ぜったいほかの人にいっちゃ
ダメだよ。じつはぼくきのう、道で1万円をひろったんだ。何に使うか、いっしょに考えない？」ぼくがこんなふうにいったら、ユウタくんは目をキラキラかがやかせた。


果たしてふたりは、どんな使い道を考えるのでしょう。

読むほうがドキドキします。


「わたしのおうちは、丘の上にあります。シンデレラじょうのような家で、お部屋がぜんぶで20こあります」

「これ、ぜったい人に秘密だよ。このまえ、うちゅう人に会ったんだ。」

「わたしのママは、大人気のユーチューバーです！」

「このまえ、うちにやってきたゾンビをやきゅうのバッドでやっつけてやった！」


大ぼらを吹くことでストーリテリングの技術が身につきます。

ストーリーを紡ぐことは子どもの創造性や論理性を養うことにもつながります。

また、大ぼらを吹くことで「断言する勇気」を手にする子どももいます。

作文で「大ぼら」が吹ければ、「小さな大作家」の誕生です。

❷「腹立ち作文」で思いをたたきつけよう

「腹が立ったことを書いてみよう！」

そんなふうにいわれたら、子どもの目はキラキラと輝くかもしれません。

なぜなら、ふだんは「腹が立ってもガマンしなさい」と指導されるケースが多いからです。

でも、大人同様、子どもにだって「腹が立つ」ことはあるはず。

その気持ちを素直に書くことで、表現することの楽しさを知る子もいます。

そして、思いのほかイキイキとした作文ができあがるのも、この「腹立ち作文」の特徴です。


「この前、サッカーのしあいでズルされた！」

「先生が、いじめっ子をおこってくれない。それがスゴくイヤだ！」

「テストなんて、この世から消えてなくなればいいのに！」

「雨ってイライラする！」

「生やさいなんて見たくもない！」

素直な気持ちを書かせることが大事です。

「お父さんがムカつく！」はどうでしょう？

もちろんOKです。その子「らしさ」が爆発しています。

「だって、いつも弟の味方ばかりするんだもん！」

あなたがお父さんだった場合、ここで反論や批判をしてはいけません。

子どもの気持ちを受け止めることが、サポーターである親の役割です。

「素直に書いてくれてありがとう」

こんな言葉をかけてあげられたら合格です。

❸「変身作文」で想像力を爆発させよう

子どもは変身が大好き。

大好きなヒーローやお姫様はもちろん、ママやパパ、兄弟や友だちにも楽しんで変身します。

人間だけではありません。犬やネコ、チューリップやカブトムシにも変身できます。

さらには、運動靴や帽子、筆箱やノート、バスや飛行機、時計やスマホ、カレーライスやギョウザにだって変身できます。

自分以外のモノに変身した瞬間から、子どもの想像力が一気に爆発するでしょう。

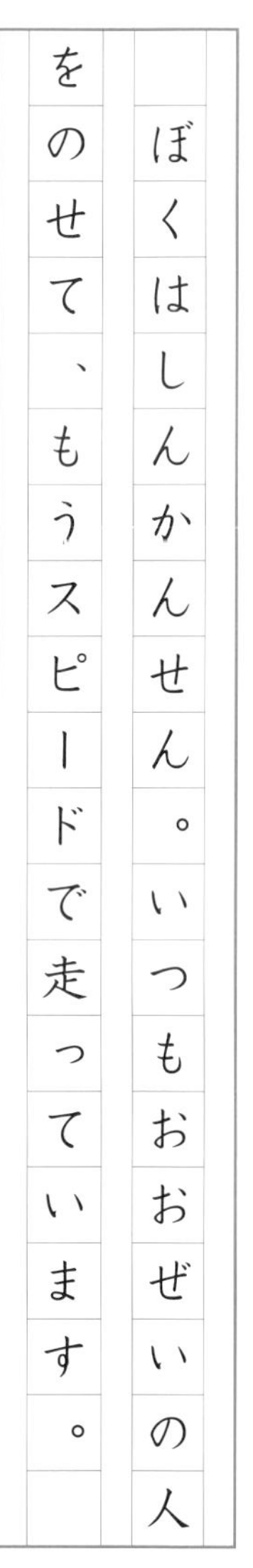

ぼくはしんかんせん。いつもおおぜいの人をのせて、もうスピードで走っています。

そんな一文から書き始めると、ブワーっと想像の世界が広がりそうです。

カッコよく走っているように見えるかもしれませんが、じつはカラダじゅうあせだくなんです。夜はクタクタになってねむります。

変身
わたしはウサギ。走るのがとくいなの。せまい小屋がイヤで逃げてきちゃった。

なんて書いてあると、新幹線の心の機微が伝わってきます。

●掃除機に変身

ゴー、ゴーとかいじゅうのような声をあげながら、ぼくは、つぎつぎに悪者をすいこんでいきます。

●太陽に変身

ねぼうもぜったいにゆるされない。だって、じかんどおりに、せかいじゅうを明るくてらすことが、わたしのしごとなんだもの。

●トラックに変身

つかれないといったらウソになるけど、ぼくがはこんでいるのはにもつじゃない。みんなのせいかつなんだ。そう思うとパワーぜんかいになる！

変身した子どもが、果たしてどんなセリフを口にするのか。読む大人もワクワクします。自分以外の存在になりきることで、他者・モノ・自然への気持ちがよくわかるようになったり、その対象物へ興味を増したりすることもメリットのひとつです。

❹「たとえ作文」でユーモアを出そう

人を「誰か」や「何か」にたとえるのは、なかなか楽しいものです。
たとえやすいのは動物です。

　ママは、いつもはネコみたいにマイペースです。でもおこりだすと、顔が赤くなって、「キッキィ～。」とサルのようになります。

　お父さんは、パンダのようです。まるっとした見た目もそうですが、いつもムシャムシャとなにか食べているすがたも、パンダそのものです。

動物にたとえることで、その人の個性や特徴が浮き彫りになります。
慣れてきたら、動物以外のものにもたとえてみましょう。

　わたしのお兄ちゃんはラグビーボールみたいな人です。あっち行ったり、こっち行ったりで、動きのよそくができません。

「ラグビーボールみたいな人です」の一文が入るだけで、お兄ちゃんの性質が強調されます。
「誰か」や「何か」にたとえることで作文がユーモラスになる点も、「たとえ作文」のおススメポイントです。

❺「問題解決作文」でアイデアマンになろう

子どもは発想力に富んだアイデアマンです。
なにか問題を与えて、解決法を考えてもらうと、それだけで作文ができていきます。
たとえば、こんなお題を与えてみます。

「りんごがふたつ、みかんがみっつ。ふたりでなかよくわけるにはどうすればいい?」

子どもたちは、きっとすばらしい解決策を示してくれるでしょう。

「ジャンケンで1個ずつ好きなくだものをとっていけばケンカになりません」
「ぼくだったら、りんごとみかんをミキサーでジュースにして、はんぶんこにします」
「りんごとみかんをふたつずつにわけて、のこった1個は、ほかのだれかにプレゼントすればいいと思います」

どれもすてきなアイデアではないでしょうか。
もちろん正解はひとつではありません。

解決策はもとより、解決策を出すまでの思考プロセスに大きな価値があります。

いずれのお題も、子どもがどんな解決策を示すのか楽しみです。

作文を書きながら、問題解決思考も磨かれていく。一石二鳥の課題です。

❻「潜入取材作文」で記者になろう

自分が新聞記者になったような気分で、いろいろなところに潜入取材してみましょう。

「学校潜入」「キッチン潜入」「郵便ポスト潜入」「パパのお財布潜入」「スマホ潜入」「本棚潜入」「ランドセル潜入」「水そう潜入」——どれもドキドキ・ワクワクします。

広く大きなところから狭く小さなところまで、自由に潜入してもらいます。

　トビラをひらいたすぐそこに、ぼくの大すきな牛にゅうとマヨネーズがありました。そのわきには、なんとイチゴじゃないか！　だいこうぶつ発見！

　ぼくはがまんできず、ママがいないことをかくにんしてから、ひとつだけイチゴを口にほうりこんだ。う〜〜まい。でもどうしよう。ぼくは食いしんぼうなので、このままではせんにゅうしゅざいが進

潜入取材
マンションのかんり人さんのおへやにやってきました！
何か書いています！

みそうにない。

「おや、これはいったい何だろう?」という具合に、実況中継風に書いていくことでリアリティが高まります。

ふだんは見過ごしていることも、潜入取材のときは目につきます。

物事に対する注意力と観察力が磨かれるのが、この潜入取材作文のメリットです。

❼「お手紙作文」で気持ちを伝えよう

作文は苦手でも、手紙なら書けそう、という子どももいます。

手紙を書く相手は、親や祖父母、お友だちや先生だけに限りません。

「おまわりさん」「消防士さん」「お医者さん」「駅員さん」「パン屋さん」「大工さん」「トラックの運転手さん」など、身近にいるオトナたちでも、芸能人、タレント、俳優、ユーチューバーなどの有名人でもOKです。

「プリキュア」や「ドラえもん」「名探偵コナン」など、子どもたちのヒーローに向けて書いてもいいでしょう。

さらには、人以外に手紙を書くのもおすすめです。

●チョコドーナッへの手紙

土星のわっかみたいで、いつみてもカッコいい。本当なら、部屋にかざりたいくらいです。でも、ぼくはがまんできず、キミにかみついてしまいます。外はサクっと、中はモチっと、そして、口の中でチョコレートの味が広がるときに、大きな幸せをかんじます。今日はキミにかんしゃを伝えたくて手紙を書いています。

●歯ブラシへの手紙

いつもゴシゴシと押しつぶしてごめんなさい。らんぼうにあつかってごめんなさい。ざつに洗ってしまってごめんなさい。でも、とってもかんしゃしています。ぼくひとりの力では、歯のすきまから小さなゴミをかき出すことはできません。歯の表面がピカピカなのも、歯ブラシさん、あなたのおかげです。

手紙の宛先が誰であれ(何であれ)、子どもは、気持ちを込めて手紙を書くでしょう。お礼の気持ちのときもあれば、お詫びの気持ちのときもあるでしょう。大きらいな野菜や、大きらいな科目に「和解の手紙」を送るのもいいかもしれません。

手紙の宛先を選べずにいるようなら「**タクの好きな仮面ライダーに手紙を書いてみる？**」のように、助け舟を出してあげてもいいでしょう。

⑧「塗り替え作文」で新しいブームを起こそう

世の中にある決められた色。その色を塗り替えてみる、というお題です。
トイレの便器はなぜ「白」なのでしょう。
では、トイレの色をもしかえるなら「何色」にするといいでしょうか。

　トイレのべんきの色って、何で白なんだろう？　せいけつそうに見えるから？　ぼくだったらまっ黒にするなあ。だって、そうすればよごれが目立たないから。学校のトイレそうじも、きっとラクになるにちがいあるまい。

うっしっし。


なにやら裏がありそうな作文ですが、それもまたその子の「らしさ」です。

「汚れるから（理由）→真っ黒がいい（意見）」という論理も整然としています。

果たして子どもがどんな理由でその色を選ぶのか。子どもも大人も楽しめる作文です。

❾「キーワード連想」であちこちに行こう

どんな「お題」にも使える作文テクニックが「キーワード連想」です。

たとえば「タマゴ」というお題が出たら、「タマゴ」から連想するものをノートに書き出します。

頭をやわらかくして、どんどん書き出していきます。

「ニワトリ」「あさごはん」「たまごボーロ」「ラグビーボール」「ひな」「赤ちゃん」「おすし」「たまごっち」「太陽」「初心者」「カプセル」「黄色」「いくら」

こうしたキーワードを出しながら「書きたい」と思ったものをピックアップします。

お姉ちゃんはゆでタマゴがすきだけど、ぼくはだんぜん目玉やき。だって、目玉やきって、たいようそのものだから。たいようはエネルギーのかたまり。ぼくはまい朝、たいようを食べてエネルギーをチャージしているんだ。

目玉焼きを太陽に見立てることで、元気な作文になりました。

「○○といえば〜」「○○と聞いて思い出すのは〜」というフレーズを使えば、連想したキーワードへと飛んでいくことができます。

「タマゴといえば、ニワトリです」「タマゴと聞いて思い出すのは、ようちえんのときに着ていたタマゴの絵がついたパジャマです」という具合です。

タマゴといって、すぐ頭にうかぶのは「タコマ」だ。「タコマってなに？」ってかんじだと思うけど、クルマが大すきなぼくのお父さんがよく話してくれるの。なんでもアメリカで走っているクルマらしい。

いちどしゃしんを見せてもらったことがあるけど、タマゴというイメージとはまったくちがってゴッツかった。真夏の晴れた日なら、あのボンネットで目玉やきがやけそうだ。そうしたら「タコマ」で作った「目玉やき」

のかんせいだ。どうだ、まいったか。

「タマゴ」と「タコマ」は、語感が似ているだけで、まったく無関係ですが、それでも見事な作文になっています。

低学年の作文は、上手にまとめることが目的ではありません。

「連想」という翼を使って、ほかの世界へ自由に飛んでいってOK。その連想のプロセスの中で、その子の考えや意見が養われていきます。

コラム⑤

デッドライン作文法（制限時間を設けて書こう）

「好きなだけ時間を使っていいからね」というよりも「**じゃあ、20分で書いてみよう！**」と制限時間を決めたほうが、子どもの集中力は高まります。

人には与えられた時間を、めいっぱい使ってしまう習性があります。

しかも、時間が倍になるからといって、仕事のクオリティや完成度が高まるわけではありません。

作文の文量にもよりますが、低学年であれば、原稿用紙2枚（800文字）を15分で区切ることをオススメします。

倍の30分にすると、集中力が途切れて途中でダレたり、時間の余裕を感じて、書き出すまでに時間をかけてしまう子もいます。

少し負荷がかかる時間制限を設けることで、子どもの集中力にスイッチが入ります。

ダラダラと30分書かせるよりも15分で一気に書かせたときのほうが、その子らしい個性的な作文になることが少なくありません。

制限時間は、子どもの能力を引き出してくれる〈魔法〉なのです。

第9章

「もしも作文」で
空想の世界を旅しよう

「もしも作文」は、子どもを想像の世界へと羽ばたかせる〈とっておきの作文〉です。


「もしも、自分が王様（お姫様）だったら？」

「もしも、この世にお金がなかったら？」

「もしも、空を飛ぶことができたら？」

「もしも、どこでもドアがあったら？」

「もしも、タイムマシーンがあったら？」

「もしも、ゆめがひとつだけかなうとしたら？」


「もしも」を使うことで、イマジネーションが活性化。子どもたちは、喜んで想像や妄想の世界へとワープするでしょう。

「もしも」は発想の着火剤のようなものです。

「100万円をなにに使おう？」と考え始めることで、思考が前に進み始めます。

作文のテーマに困ったときは「もしも作文」で、子どもを未知の世界へ誘ってあげましょう。

「もしも」で誰かに乗り移る

「もしも」を使って「誰かに乗り移る」ことができます。

あたり前のことですが、子どもは、子ども自身の視点で物事を考えようとします。

そうすると、自分の意見や考えを書いた段階で「もう十分に書いた」「もうこれ以上は書けない」とブレーキをかけ始めます。


そんなときに、「誰かに乗り移る」ことで、新たな世界へと旅立つことができます。

・もしも、わたしがママだったら～
・もしも、わたしがこの本の作者だったら～
・もしも、わたしが、ケーキ屋さんの店長だったら～
・もしも、ボクが日本でいちばんえらい人だったら～
・もしも、ボクが宇宙飛行士だったら～
・もしも、わたしが校長先生だったら～
・もしも、わたしが動物園の飼育員さんだったら～
・もしも、わたしがディズニーランドのスタッフだったら～

・**もしも、ボクがユーチューバーだったら～**

・**もしも、わたしがＡＫＢ48のメンバーだったら～**

「もしも」を使って、自分以外の「誰かに乗り移る」ことで、子どもの思考は一気に活性化します。

想像力と妄想力を駆使して、それぞれが思う「考え」や「提案」を書き始めるでしょう。

●「もしも」を使った作文例

　もしもボクが、日本でいちばんえらい人だ
ったら、おじいちゃんとおばあちゃんに、広
くて安全なおうちをプレゼントします。おじ
いちゃんやおばあちゃんが転ばないようにせ
つけいした家で、ボクやお父さん、お母さん

ともいっしょにくらせる大きなおうちです。

　それから、まちにゴミをすてる人からは、ばっ金をとります。ふけつな町になると、みんなが気もちよくないからです。あと、歩きながらスマートフォンをいじっている人から

はスマートフォンをとりあげます。じこがおきるとあぶないからです。

作文を読んだ大人は、その内容がどうであれ、受け止めてあげることが大切です。

「スマートフォンを取り上げるのは、ちょっと厳しいんじゃない？」のような正論やジャッジは不要です。

子どもの想像力を讃えましょう。

「もしも」で願望が成就する!?

もうひとつの「もしも」は「願望を叶えるためのもの」です。

どんな子どもにも「こうなったらいいなあ」と思っている願望があるはずです。

「もしも」を使って、その願望が満たされた状態を作り出します。

すると、子どもの感情が動き、新たな発想が生まれやすくなります。

以下は、「もしも」を使った願望達成例です。

・もしも、ママがボクにガミガミおこらなくなったら～
・もしも、かん字テストで100点をとったら～
・もしも、なつ休みのしゅくだいがひとつもなかったら～
・もしも、クラスでいちばんかけっこがはやくなったら～
・もしも、一日中、好きなだけゲームをしてもいいなら～
・もしも、わたしがお姫さまだったら～
・もしも、お兄ちゃんとべつべつの、自分だけの部屋があったら～

願望の裏側にあるのは、その子の思想・価値観のようなものです。「もしも」で願望を叶えることによって、その子が大切にしている「宝物」が見えてくるのです。

もちろん、願望が成就した状態について、子どももイキイキと言葉を紡いでいくことでしょう。

●「もしも」を使った作文例

　もしも、夏休みの宿題がひとつもなかったら、ボクは朝からばんまで野山をかけまわりたいです。こん虫さいしゅうをするためです。

　まい日、山や林に行ってカブトムシやクワガタをつかまえます。お昼はおにぎりを食べます。川ではザリガニやカエルをつかまえます。

　海に行くことができたら、パパといっしょにつりをしたいです。海にもぐって貝をとるのも楽しそう。大きな魚をつったら家に持ち帰って、おさしみにしてみんなに食べてもらいます。

願望が成就した状態をイメージすることは、大人だけでなく、子どもにとってもワクワクすることなのです。

願望成就の最も有名な方法といえば「叶えたい願望を紙に書き出す」ではないでしょうか。「もしも」で願望成就シーンを書き出した子どもたちの夢は……本当に叶っちゃうかも!?

「もしも」という乗り物で自由に旅をさせよう！

もちろん、「もしも」は、ネガティブなアプローチで使うこともできます。以下はその一例です。

・もしも、大きな地しんが起きたら～
・もしも、大好きなお友だちがひっこしてしまったら～
・もしも、太陽が消えてなくなってしまったら～
・もしも、テストで0点を取ってしまったら～

親としては少しドキッとするかもしれません。

しかし、ネガティブなアプローチも、その子の「らしさ」であり、「個性の片鱗」です。

もちろん、責めたり、とがめたりすることはナンセンスです。


ネガティブな世界をひたすら旅するもよし。

ネガティブからポジティブへと大きくジャンプする展開もよし。

ネガティブだと思っていた世界が実はポジティブだった……という意外性のあるオチをもってきてもよし。

思考の旅にセオリーや唯一の正解はありません。

そこにあるのは、子ども一人ひとりが描いたオリジナルの旅だけです。


もちろん、作文の途中から「もしも」で、想像・妄想の世界へ羽ばたいてもOKです。

作文に「動き」と「個性」が生まれます。

「もしも」は、単調で平凡な作文にサヨナラするツールでもあるのです。

コラム⑥

「毎日書く」を習慣化する

書く時間を制限することの意味は、作文の習慣化にも役立ちます。

子どもたちに「毎日、日記を書きなさい」といっても、おそらく嫌がるでしょう。

一方、「毎日15分間、お母さんかお父さんが出すお題で作文を書こう。書けても書けなくても15分でストップね」と伝えてみると、子どもたちは取り組みやすくなります。

書きたくないなら、その15分間、「うーん」とうなりながらやり過ごせばいいのですから。

しかし、多くの子どもは「15分なら頑張るか」と筆を走らせ始めます。

いっしょに書こう
ママも日記を書くから、ももかもいっしょに書こう！
うん！ 今日は何もなかったから、「日記書こう」ってママにいわれたよ、って書くよ！

第10章

「オノマトペ」を使って世界でひとつの表現をしよう

子どもに「表現力のある作文を書かせたい」と思っている人は多いでしょう。

実は子どもの表現力を磨くことは、そう難しいことではありません。

それどころか、コツさえつかめば、とても簡単です。

表現力が磨かれていくと、作文能力も飛躍的に伸びていきます。

何よりも子ども自身が書くことを「楽しい」と感じるようになります。


ポイントは、「『言葉』で書いて『映像』で届ける」ことです。


表現力のある作文ほど、読んだ人の頭の中で、パッと映像(場面)が思い浮かぶものです。

この書き方ができるようになると、読む人が作文の内容に興味をもちやすくなります。

もちろん、内容に対する理解も深まります。


「映像」で届ける方法のひとつが「オノマトペ」の活用です。

「オノマトペ」とは、「擬声語」のことで「擬音語」と「擬態語」を合わせたものです。

●擬音語：物が発する音や声を描写した言葉のこと

ガタガタ、グラグラ、ドンドン、ドバッ、ドテッ、パカッ、メリッ、ベタッ、モグモグ、

サクサク、チョキチョキ、クシャ、グイーン、ドッカーン、ガチャン、チャリン、プップー、ビヨーン、ドドドッ、ヒューヒュー、ピピピッ

●擬態語：状態や心情、様子など、音のしないものを音として描写した言葉のこと

びくびく、ハラハラ、そわそわ、グダグダ、イライラ、ニッコリ、とぼとぼ、しくしく、うとうと、ジロジロ、キョロキョロ、キリキリ、じわーっ、どよーん、のそのそ、シャキッ、ほっこり、ギョッ、ゾクゾク、ワクワク、シーン

オノマトペの絶大な効果とは？

以下、❶と❷の文例を読み比べてください。

❶はオノマトペを使っておらず、❷はオノマトペを使っています。

❶オートバイが走りぬけていきました。

❷オートバイがビューンと走りぬけていきました。

❶ママが、ぼくの手を引っぱりました。

❷ママが、ぼくの手をグイッと引っぱりました。

❶目の前に、ふじ山が、あらわれたのです。
❷目の前に、ふじ山が、ドカ～ンとあらわれたのです。

❶のどがかわいていたので、お水を飲みました。
❷のどがかわいていたので、お水をゴクゴク飲みました。

❶ぼくは、うどんをすすりました。
❷ぼくは、ズズズッと、うどんをすすりました。

❶肉まんを食べたら、元気が出た！
❷肉まんを食べたら、モリモリッと元気が出た！

❶手がしびれて、おはしがにぎれない。
❷手がジンジンしておはしがにぎれない。

❶ネコの鳴き声が聞こえました。

❷ニャーとネコの鳴き声が聞こえました。

❶街がしずかで、さみしくなりました。
❷街がシーンとしていて、さみしくなりました。

❶指がいたむ。
❷指がズキズキいたむ。

いずれの文例も、イメージしやすいのは、❶よりも❷ではないでしょうか。

もっといえば、❷には❶にはない「動き」と「臨場感」があります。

これこそが「映像」の正体です。


子どもたちが大好きなマンガの中でもオノマトペは効果的に使われています。

主人公の顔の横に「ビクっ」と書かれていると、驚いた顔の表情と相まって、主人公の驚きがより増幅して伝わります。

バトルのシーンでは「ドスッ」「ゴキッ」「ドーン！」「ギギギギッ！」「バキューン！」のように、オノマトペだけを使って、迫力満点の演出をするときもあります。

このように、オノマトペは、文章での説明以上に、読む人にリアルな情報を届けてくれます。

マンガを例にあげるまでもなく、子どもたちは感覚的にオノマトペが大好きです。

たとえば、男の子であれば、ヒーローに変装して登場するときに「ジャーン」などというのではないでしょうか。

あるいは、アクセサリーが好きな女の子であれば、「この宝石はキラキラしていてかわいいでしょ?」などというのではないでしょうか。

おならの「ブ〜」や、うんちの「ぶりぶり〜」も子どもは大好き。

子どもが日常の中で自然と使っているオノマトペを、作文の中に取り入れない手はありません。

「目の前にふじ山がジョジョジョとあらわれた」でOK

「あしたはクリスマスだからワクワクする」「さむくてブルブルふるえました」など、オノマトペには、お約束の表現も少なくありません。

しかし、子どもにオノマトペを書かせるときは、できるだけ子どもの自由な発想・感性に任せましょう。

・目の前に、ふじ山が、ドカ～ンとあらわれたのです。

先ほど紹介した文例のひとつです。

この場合のオノマトペも、当然、「ドカ～ン」が唯一の正解ではありません。

・目の前に、ふじ山が、バキューンとあらわれたのです。
・目の前に、ふじ山が、バコッとあらわれたのです。
・目の前に、ふじ山が、ジョジョジョとあらわれたのです。
・目の前に、ふじ山が、ブゥオーンとあらわれたのです。
・目の前に、ふじ山が、ニョロッとあらわれたのです。
・目の前に、ふじ山が、ムクッとあらわれたのです。
・目の前に、ふじ山が、ブ～～ンとあらわれたのです。

オノマトペに正解はありません。

くれぐれも「『ブゥオーン』なんておかしいでしょ?」などと野暮なことはいわないでください。

大事なのは、その子が自分でその言葉を選んだという事実です。

それは、その子にとっての正解にほかなりません。

人とは違うオノマトペが出てきたときほど「すごいね」「いいね」「かっこいいね」「すてきだね」と子どもをホメてあげてください。

もっとも、まだ作文慣れしていない子どもに「オノマトペを使って書きなさい」といっても、難しいかもしれません。

仮に「目の前に、ふじ山が、あらわれたのです」と書いたとしたら、「**どんなふうに現れたのかな？　現れた様子に音をつけてみようか！**」と自然な形で誘導しましょう。

また、日頃から、オノマトペを使うゲームを、親子で楽しむのもおススメです。

バナナを食べながら「**食べている様子を『モグモグ』以外の音で表現してみよう**」とか、「**お父さんが怒っているときの様子を音で表現してみよう**」とか、「**今の気持ちを音で表現してみよう**」とか。

ふだんから、「情景」「様子」「心情」「感覚」などをオノマトペで表現することで、イキイキと臨場感あふれる作文が書けるようになります。

かの文豪、宮沢賢治は、オノマトペの名手としても知られています。

名作『注文の多い料理店』の「風がどうと吹いてきて、草はざわざわ、木の葉はかさかさ、木はごとんごとんと鳴りました」などがその一例です。

いずれも、「賢治らしさ」に富んだユニークな表現です。

彼の作品が老若男女に愛されたのは、その独創的かつリアリティのある情景・感情描写にあったのかもしれません。

世の子どもたちもまたオノマトペの名手です。

自由な発想に彩られた子どものオノマトペは、作文の魅力とクオリティを格段に高めます。

オノマトペは「作文嫌い」を「作文好き」へと誘う特効薬でもあるのです。

コラム⑦

「オハウタ」で「書く」を習慣化する

「毎日書く」を習慣化するうえでオススメの方法がひとつあります。

それは「オハウタ」に意識を向けさせる、というアプローチです。

「オハウタ」とは「驚き」「発見」「うれしさ」「楽しさ」の4つのこと。

たとえば、「**今日一日で発見したことをひとつ書いてみよう！**」、そんなふうに誘ってあげると、子どもたちは、がぜんやる気を出します。

多くの子どもにとって「オハウタ」は、ワクワクできるものです。

慣れてきたら「**毎日1個『オハウタ』のどれかひとつを書いてみよう**」と伝えましょう。

子どもは、ゲーム感覚で「オハウタ」を探し始めるでしょう。

これが習慣化されていくと、毎日書くネタにも困らなくなります。

それどころか、楽しさや希望、ワクワクで満ちていくでしょう。

「オハウタ」のアンテナを張ることは、子どもの精神衛生上もメリットがあるのです。

第11章

「手垢のついた表現」を避けよう

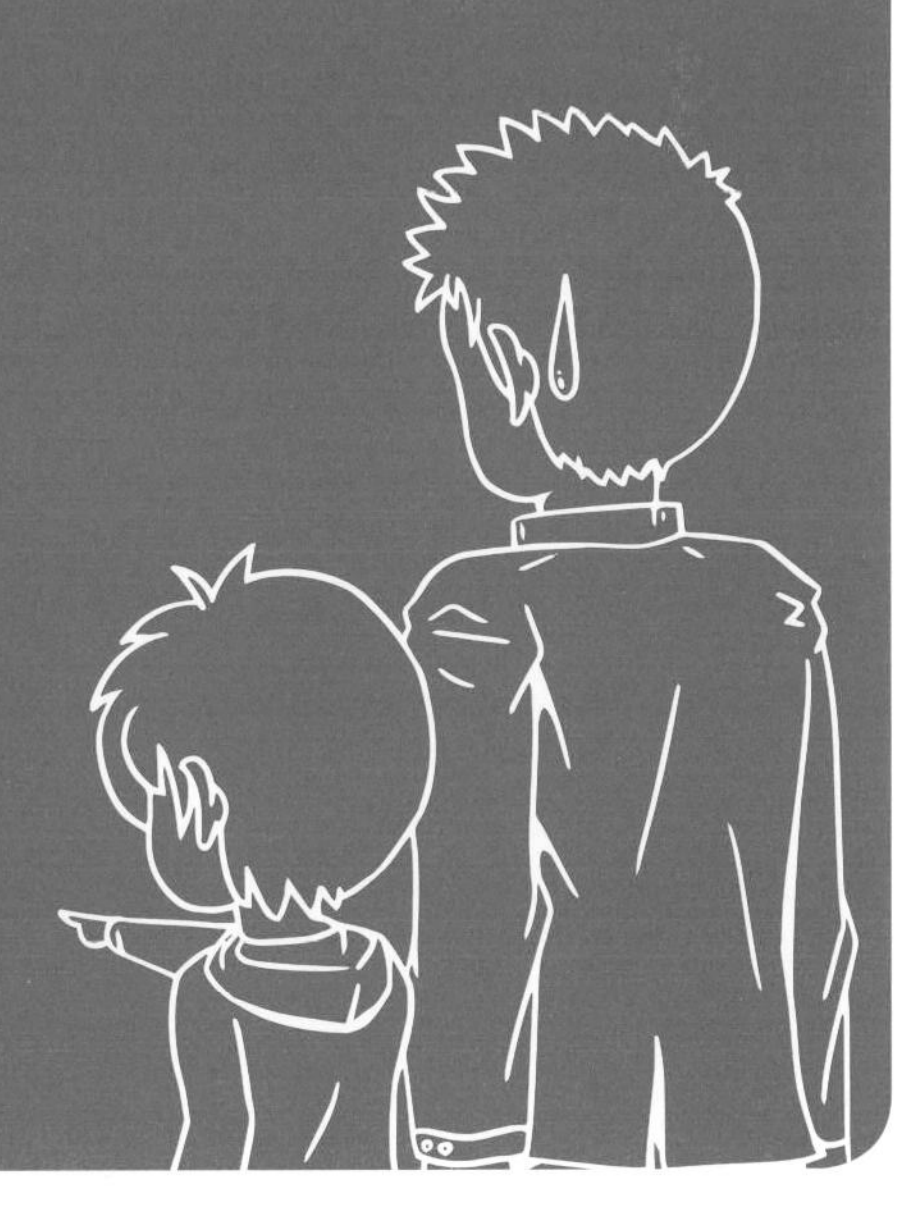

子どもの「らしさ」を奪う「手垢のついた表現」

子どもの「らしさ」を奪ってしまう書き方があります。

それは「手垢のついた表現」です。

「手垢のついた表現」とは、多くの人に使われて新鮮味を失ってしまった言葉たちのこと。

以下は「手垢のついた表現」の例です。

・うれしかったです。
・たのしかったです。
・カッコよかったです。
・かわいかったです。
・すてきでした。
・すばらしかったです。
・おいしかったです。
・かんどうしました。
・がんばりたいと思います。

もちろん、これらの表現が絶対にいけないわけではありません。

しかし、その子「らしさ」が出にくいことは事実です。

子どもの作文の魅力といえば、大人からは到底出てこない、独創的な表現力でしょう。

みんなが使う「手垢のついた表現」で書いても、魅力的な作文にはなりません。

凡百の表現とは一線を画す表現で書かれた作文に、その子の「らしさ」と魅力が宿るのではないでしょうか。

◆うれしかったです　↓どううれしかったかを表現する。
◆すてきでした　↓どうすてきだったのかを表現する。
◆イヤでした　↓どうイヤだったのかを表現する。

このように「手垢のついた表現」を言い換えることができるようになると、その子の「らしさ」が極立ちやすくなります。

どうしても「手垢のついた表現」が多い子どもには、その子が使いがちな「手垢のついた表現」を示したうえで、「これらの表現を使わずに書いてみようか」と提案してみましょう。

①

その箱を開けたしゅん間、うれしくなりました。前からほしかったぬいぐるみが入っていたのです。

②

その箱を開けたしゅん間、わたしは、「わー」と声をあげながら、何度もジャンプしました。前からほしかったぬいぐるみが入っていたのです。

「うれしかった」を使って書いた①と、「うれしかった」を使わずに書いた②。どちらのほうが、うれしさが伝わってきますか？

おそらくあなたも、②に軍配を上げることでしょう。

【比喩なし】今日は、大すきなおばあちゃんが遊びに来る日。家に帰るのがとてもたのしみでした。

【比喩あり】今日は、大すきなおばあちゃんが遊びに来る日。ルンルン気分で学校から家までスキップして帰りました。

【比喩なし】この前、かっていたインコがしんでしまいました。悲しかったです。

【比喩あり】この前、かっていたインコがしんでしまいました。その日の夜は、おなかがすかず、食べ物もうまく飲みこめませんでした。ばんごはんは、大こうぶつのオムライスだったのに、ふしぎです。

【比喩なし】友だちにおもちゃを取られると、とつぜん、その子がおこりだしました。

【比喩あり】友だちにおもちゃを取られると、とつぜん、その子のかおが「赤オニ」にかわりました。

このように、「たのしい」「かなしい」「おこる」など、「ありふれた表現」を「具体的な表現」に書き換えることで、作文がイキイキと輝き出すのです。

荒療治に思えるかもしれませんが、「言葉の制限」もまた子どもたちにとってはゲームのようなものです。

「手垢のついた表現」がなくなる分、名作文が生まれやすくなります。

「比喩（ひゆ）」を使って、とことん個性を伸ばす

かみの毛がツンツンに立った男の人が、歩いていました。

「ツンツン」という「オノマトペ」を使って、表現力豊かに書いています。

読む人は、個性的なヘアスタイルの（髪の毛を逆立てた）男性の姿を思い浮かべるでしょう。

一方で、この文章をさらに魅力的にする方法もあります。

それが「比喩（ひゆ）」です。「比喩」とは「物事を説明するときに、ほかの何かに置き換えて（たとえて）表現すること」です。

先ほどの例文であれば、ツンツンに立ったかみの毛を「ほかの何か」にたとえることで、作

文の魅力がアップします。
以下は、「たとえ」を使った例です。

【1】かみの毛がツンツンに立った男の人が歩いていました。まるで、頭の上にパイナップルをのせているかのようでした。

【2】「頭の上で大ばくはつが起きたのか？」と思うくらい、かみの毛がツンツンに立った男の人が歩いていました。

【3】男の人が歩いていました。その人のかみの毛は、もえあがるほのおのようにツンツンに立っていました。

【4】「あっ、スーパーサイヤ人だ！」かみの毛がツンツンに立った男の人が歩いているのを見て、ぼくは思わずその人を指さしてしまいました。

【5】かみの毛がツンツンに立った男の人が歩いていました。「朝起きたときの弟のネグセにていている」と思いました。

「パイナップル」「大ばくはつ」「もえあがるほのお」「スーパーサイヤ人」「弟のネグセ」――いずれもオリジナリティに富んだ表現です。

あなたの子どもの目には「ツンツンにかみの毛が立った頭」は、「ほかの何」に見えるでしょうか。どんな比喩表現も間違いではありません。見えたものが、その子にとっての正解（個性）です。

ましてや、子どもがせっかくたとえたモノを、親や大人が否定・批判してはいけません。

「**パイナップルに見えたんだね～**」と声をかけてあげましょう。

比喩を使おう
パパー、あの人頭がパイナップルみたい！
おいしいのかなあ？

「○○は何に似ていた？」で比喩を導き出す

もしも、子どもが比喩（たとえ）らしき表現を書いたことがなければ、質問を使って、親がさり気なく誘導してあげましょう。

かぞくでやき肉の食べほうだいに行った。
たくさん食べたパパのおなかは、いつも以上
にポッコリふくらんでいた。

仮に、子どもが、このような文章を書いたなら「**そのポッコリしたおなかは何に似ていた？**」のような質問をしてみましょう。

「ママには『プクっとふくらんだ焼き餅』に見えるなあ（笑）」という具合に、親子で一緒に考えても楽しいはずです。

子どもは、楽しみながら、「何に似ているか？」のアイデアを出すでしょう。

ユニークな比喩表現が口をついたら「それは、おもしろいね。せっかくだから、それも作文に書いてみようよ！」と伝えてあげましょう。

以下は「たとえ」を使ってパパのお腹を表現した文例です。

【1】たくさん食べたパパのおなかは、いつも以上にポッコリふくらんでいた。ぼくには、それが、やきゅう場のマウンドに見えた。

【2】たくさん食べたパパのおなかは、中から小人が１００人くらいでおし上げているのかと思うくらいポッコリふくらんでいた。

【3】たくさん食べたパパのおなかは、まるでサッカーボールをかくしているんじゃないかと思うほどポッコリふくらんでいた。

【4】たくさん食べたパパのポッコリおなかは、ふじ山のようにりっぱだった。

【5】たくさん食べたパパのおなかは、まるでデッカイ風船みたいだ。はりでつついたら、きっとバン！とわれるだろう。

作文を書くときだけでなく、ふだんから目に映ったモノを「ほかの何か」にたとえるクセをつけると、子どもの観察力や発想力、ひいては作文力が磨かれていきます。

【比喩なし】服があせでびしょびしょになりました。

【比喩あり】まるでプールにとびこんだかのように、ふくが汗でびしょびしょになりました。


【比喩なし】はじめて白いビーチを見ました。とてもきれいでした。

【比喩あり】はじめて白いビーチを見ました。おさとうをたくさんまいたかのようで、とてもきれいでした。


【比喩なし】キャンプファイヤーの火がはげしくもえていました。

【比喩あり】キャンプファイヤーの火が、まるでおこったときのママの顔のように、はげしくもえていました。


【比喩あり】のほうが、子どもの感性や性格が伝わってきます。

文章がイキイキと躍動しています。

低学年の作文指導では、「表現の正しさ」に固執するのではなく、「楽しさ」や「おもしろさ」を味わわせることが先決です。

この時期に「作文好き」になった子の作文力は、その後もみるみる伸びていきます。

「好きこそものの上手なれ」は、作文にも当てはまります。

コラム⑧

子どもの作文の原点は「まとめる」よりも「広げる」

低学年の子どもにとって、作文は世界を旅するようなものです。

大人がその旅にケチをつけたり、邪魔したりしてはいけません。

中学生や高校生になると、否が応でも「まとめること」や「要約すること」が求められます。

そのときになって困らないよう、今のうちに「ひと言でいえる練習させておきたい」という気持ちもわからないではありません。

しかし、まとめるためには――、要約するためには――、ひと言で答えるためには――その前提として思考の拡散が必要なのです。

低学年の子どもの作文に「自由さ」を求める意味も、そこにあります。

たくさん作文を書いて、たくさん思考を旅した子どもは、結果として、「まとめる力」や「要約する力」を手に入れるのです。

「世界を旅して初めて日本の良さが見える」。そんな感覚に近いかもしれません。

だから、子どもが作文を書くときに、枠に押し込めようとしてはいけません。

脱線も飛躍も、それ自体は経験しておくに値する思考の旅なのです。

低学年の時期に思考を広げるクセをつけておくことは、将来、的確な「まとめ」や「要約」ができるようになるためのパスポートです。

第12章

「五感質問」で子どものオリジナリティを引き出す

「オノマトペを使う」「比喩（たとえ）」を使う」というテクニック同様に、その子のオリジナリティを出す方法があります。

それが**「五感を書く」**です。

ご存知のとおり、五感とは、人間が備えている5つの感覚のことです。

❶視覚（目で見る）
❷聴覚（耳で聞く）
❸嗅覚（鼻でにおいをかぐ）
❹味覚（口や舌で味わう）
❺触覚（手や肌で触る）

五感を言葉で表現していくことによって、その子らしい作文が生まれやすくなります。
とはいえ、いきなり「五感を使おう」といっても、子どもにはよくわからないはずです。
まずは、子どもに「人間には五感というすばらしいセンサーがある」ことを伝えましょう。
そのうえで、子どもの五感センサーを発動させてあげてほしいのです。

以下は、シンプルな五感質問例です。

【視覚】何が見えた？
【聴覚】どんな音が聞こえた？
【嗅覚】どんなにおいがする？
【味覚】どんな味がした？
【触覚】どんな手触りだった？

あらゆるテーマ、あらゆる場面で、この「五感質問」が使えます。
散歩中に、ドライブ中に、あるいは、カレーライスを食べている途中でもＯＫです。
子どもに質問をぶつけてみてください。
きっと個性的な答えが戻ってくるでしょう。

五感を使って表現してみよう

作文を書くときにも、いちど「五感」で感じるクセをつけます。
たとえば、「野山の散策に行ったこと」について作文を書くとします。
五感すべてを使って、感じたこと、思ったことをノートに書き出していきます。

ここでも親が五感質問でサポートしてあげてください。
以下は五感質問と、子どもの答えの一例です。

【視覚】何が見えた？

・木の葉っぱが、赤や黄色に変わっていた（まるで絵の具でぬったみたい！）。
・地面には、落ち葉がたくさん落ちていて、それらはキラキラして見えた（金色のじゅうたんみたい！）。
・空には「わたあめ」をちぎったような雲がたくさん泳いでいた。
・夕方になると、太陽がどんどん大きくふくらんで、空が火のように赤くもえ上がった。空をやきつくしているみたいでかっこよかった！
・落ち葉をすくって空高くまいたら、「金色のゆき」のように見えた。

【聴覚】どんな音が聞こえた？

・小鳥たちのチュンチュン、ギーギー、クックックという鳴き声。
・どこからかザーと川の流れる音が聞こえた。
・ピュ～という少しさむい風の音
・落ち葉をふみしめて歩くときのサクサクいう音（ポテトチップスを食べているときのような

音！）。

・と中でおなかの虫がグーっとないた。

● **【嗅覚】どんなにおいがする？**

・木のにおい（新しいタタミのにおいみたい！）。

・土のにおい。

・あまいお花のにおい。

・雨上がりのにおい。

・いっしゅん、なっとうのようなにおいがした……。

● **【味覚】どんな味がする？**

・学校や家にいるときよりも、空気がおいしかった！　なぜだろう？

・たくさん歩いたせいか、お弁当のおにぎりとウインナーがいつもよりおいしかった！

● **【触覚】どんな手触り？**

・木によって、手ざわりがぜんぜんちがうからびっくりした。ゴツゴツしたもの、ザラザラしたもの、ツルツルしたもの。

・木についた「しる」をさわったら、手がベトベトになった。

・落ち葉を指でさわると、ぬれてやわらかいものと、カサカサなものがあった。カサカサのものは、さわっただけで、こなごなになってしまった。
・落ち葉はとてもかるいので、フワっとまとめてすくい上げてあそんだ。
・いちど、落ち葉をまとめてすくって空高くまいたら、自分の頭の上にふりかかってきた。だれかにお祝いしてもらっているような気もちになった。
・頭や服に落ち葉がついたままでも、ぜんぜんイヤじゃなかった。

五感を頼りに、子どもが感じたことや思ったことを自由に書いていくと、書くべき素材が手元にそろいます。

素材がそろったら、その中からとくに魅力的なものをピックアップして作文を書いていきます。

●視覚や聴覚を中心に書いた作文例

　秋の野山は、まるで絵の具でぬったみたいに、木の葉っぱが、赤やき色にかわっていました。落ち葉がものすごくて、まるで「金色のじゅうたん」の上を歩いているようでした。

　ぼくは、落ち葉をふみしめてあるくときのサクっ！サクっ！という「ポテトチップスを食べているときのような音」が気に入って、

いつもよりも力を入れて歩きました。

　夕方になると、太陽がどんどん大きくなっていって、空が火のように赤くなりました。ぼくは、夕方にエネルギー切れになることが多いので、夕方でも元気な太陽をみならわないといけません。

●触覚を中心に書いた作文例

　秋の野山は、落ち葉がものすごくて、わたしはワクワクしました。

落ち葉を指でさわると、ぬれてやわらかくなっているものもあれば、カサカサで、さわっただけで、こなごなになってしまうものもありました。落ち葉は一まい一まいがとてもかるかったので、両手でまとめてすくい上げるよ

うにして、何度も遊びました。

　いちど、落ち葉をすくって空高くまいたら、自分の頭の上にふりかかってきました。それはまるで「金色の雪」みたいでした。わたしは、だれかにお祝いしてもらっているような気もちになりました。頭や服に葉っぱがついたままでも、ぜんぜんイヤじゃありませんでした。


どちらの作文も五感を使った分、イキイキと自由な表現に仕上がりました。

また、子ども自身の五感を使って書いているので、お友だちと「かぶる」こともありません。

五感を書くことで、作文のオリジナリティと魅力がアップします。

子どもの五感はどんどん研ぎ澄まされていく

五感を使って作文を書くエクササイズをくり返していると、学校生活や日常生活の中でも、おのずと五感を研ぎ澄ますようになります。

作文を書く・書かないに関係なく、五感すべてを使って、さまざまなアプローチの質問を自分にぶつけていく習慣が身につきます。

以下は、さまざまな五感質問例です。

【視覚】何が見えた？　どんな形？　どんな色？　どんな具合？　どんな状態？　どんな様子？　どう変化した？

【聴覚】どんな音が聞こえた？　音の大きさは？　楽器は何？　誰のどんな声？　どんな音楽？　何の音？（クルマ、飛行機、洗たく機、スマートフォン等々）

【嗅覚】どんな匂い（香り）がする？（甘い？　酸っぱい？）　きつい？　くさい？　いいにおい？　ほかのどんな匂いに似ている？

【味覚】どんな味？（甘い？　辛い？　しょっぱい？　すっぱい？）　おいしい？　まずい？　かみごたえは？　料理のあたたかさは？　ほかのどんな味に似ている？

【触覚】どんな感触？　どんな手触り？　どんな重み？　どんな痛さ？　かゆい？　汗をかいた？　熱い・冷たい？

ふだんから、子どもの頭の中がこんな質問で埋め尽くされているとしたらどうでしょう？

その子の言語能力（作文能力を含む）は、飛躍的に伸びていくはずです。

五感のセンサーは千差万別。感覚に唯一の正解はありません。子どもが五感を使って表現したことに対して、親であるあなたにできることは、フラットに受け止めてあげることです。

もちろん、その子が独特な表現をしたときは、大きく反応してあげてください。

「○○くんの五感センサーはかっこいいね！」「○○ちゃんの五感センサーはすてきだね！」

という具合です。

自分のセンサーをホメられた子どもは、自信を深めて、さらにそのセンサーに磨きをかけていくことでしょう。

第13章

「喜怒哀楽」から始める感情表現

感情（気持ち）を表現することは作文において大きな魅力のひとつです。

でも「感情」っていったい何だろう？　そんなふうに思う子どももいるでしょう。

そんな子どもに伝えてあげたいのが、人間の気持ちの中でも、とくに有名な４つの感情「喜怒哀楽」です。

●喜怒哀楽

- **喜び：喜ぶこと／うれしいこと**
- **怒り：怒ること／腹を立てること**
- **哀しみ：悲しいこと／辛いこと**
- **楽しみ：楽しいこと／愉快なこと**

「**タクにもこういう感情があるんじゃない？**」と子どもに聞いてみてください。

子どもが自分の喜怒哀楽を自覚するだけでＯＫです。

「自覚する＝言葉でつかまえる」です。

自覚できないものは書けませんが、自覚できたものは書くことができます。

人間は感情の生き物です。どんな人でも感情を持ち合わせています。

とくに子どもは感情に素直です。

楽しいときはキャッキャと笑って飛び跳ね、悲しいときは声を挙げて泣き、腹が立てばお友だちと大げんかをすることもあります。

子どもは気持ちを味わうことや、その気持を素直に表現することにおいて天才的です。


一方で、人間は、大人へと成長する過程で、少しずつ感情を抑えることを覚えていきます。

腹が立っても相手の前では表情や口に出さなかったり、辛いことがあってもグっと耐え忍んだり、ときには、周囲の目を気にして、楽しい気持ちにフタをしたり……。

これは社会的には必要な側面がある一方で、あまりに自分の感情を出さない状態を続けていくと、本当の感情を感じることができなくなり、心や身体の病気になってしまう人もいます。


しっかりと感情を味わい、それを表現する。

これは本来、人間にとって、とても大事なことです。

これができないと、自分という存在を認識することが難しくなり、結果的に、自分を大切にできなくなってしまうこともあります。

ましてや低学年の子どもであれば、「感情を味わうこと」と「その感情を伝えること」のふたつは、勉強すること以上に大切なことです。

なぜなら、**感情は自分自身へのシグナルでもあるからです。**

「喜び」や「楽しみ」は、自分が心から望んでいることを教えてくれますし、「怒り」や「哀しみ」は、自分が大切していることを教えてくれます。

人間は言葉によって自分の感情を把握していきます。

有名な「喜怒哀楽」以外にも「不安」「心配」「期待」「希望」「後悔」「爽快感」「憎悪」「嫉妬」「照れ」など、数十、数百もの感情をもっています。

これらの感情も「言葉」があるからこそ、把握できるのです。

子どものときから作文で自分の感情を（言葉で）つかむ練習をしておくことで、その後の成長期においても自分の感情をマネジメントしやすくなります。

逆に、シグナルである感情に気づくことができないと、自分自身を統制できず、本来進むべき道とは違う方向に進んでいってしまうおそれもあります。

くどいようですが、「親子インタビュー」をするときには、子どもの中から出てくる感情（喜怒哀楽を含む）をフラットに受け止めましょう。

したり顔の裁判官になってジャッジを加えてはいけません。

そもそも感情にいいも悪いもありません。

すべての感情が、その子にとって必要なものです。

大人がその感情を受け止めることで、子どもは、自分の感情を大切にするようになります。

感情を大切にすることは、自分を大切にすることとイコールです。

その結果、自己肯定感も高まっていきます。

喜怒哀楽を書くときに、ただ「喜びました」「怒りました」「哀しかった」「楽しかった」と表現しても、その子の「らしさ」が伝わりません。

喜怒哀楽を感じた瞬間、その子の気持ちや表情、態度、行動にどんな変化が生まれたのでしょう？　その変化に注目し、具体的に表現できないか、子どもと一緒に考えてみましょう。

以下、喜怒哀楽の具体描写の一例です。作文に動きが生まれます。

・喜→笑顔になる／「わー」「わーい、わーい」と思わず声を出す／バンザイする／ジャンプする／ガッツポーズする／手をたたく

・怒→顔が真っ赤になる／語気が荒くなる／言葉が乱暴になる／ジェスチャーが大きくなる／いかり肩になる／腹がムカムカしてくる／頭から湯気が出る

・哀→表情が沈む／涙が流れる／胸が痛む・苦しい／鼻の奥がツーンとする／肩を落とす／からだが震える／食欲がなくなる／元気がなくなる／眠れなくなる

・楽→笑顔になる／ニンマリする／目が輝く／鼻歌が出る／スキップする／時間が経つのも忘れる／食事を取るのも忘れる

第14章

「書き出し」と「締めくくり」で「作文」は決まる

この世に「書き出し」が重要でない作文はひとつもありません。

書き出しで読む人の興味を引くことができれば、「これはおもしろそうだ！」と前のめりとなり、その続きをしっかり読んでもらえる可能性が高まります。

一方で、書き出しで興味をひくことができなければ、「これはつまらなそうだ」と、読む人の興味・関心を損ねてしまうおそれがあります。

書き出しの差は「微差」ではなく「大差」なのです。

以下は、平凡な「書き出し」の例です。

【お題：遠足】 ▼きのうは〇〇にえんそくに行きました。

【お題：お母さん】 ▼わたしのお母さんは、とてもやさしいです。

【お題：好きな食べ物】 ▼わたしの好きなたべものは、カレーライスです。

【お題：学校】 ▼ぼくの学校は〇〇小学校といいます。

【お題：読書感想文】 ▼わたしは『〇〇』という本を読みました。

子どもに向かって「書き出しは平凡にならないようにね」と「書き出しの重要性」を力説したところで、おそらく、ピンとこない子がほとんどでしょう。

では、どうすれば子どもに「書き出しの重要性」を実感してもらうことができるでしょうか？

その答えが、「個性的な書き出しにたくさん触れさせる」です。

子ども自身が「おもしろい」「いいね」「楽しそう」と思えば、その子は、似たような「書き出し」を書いてみたいと思うでしょう。

これから紹介する12種類の「書き出しパターン」も子どもに見せてあげてください。

子どもが、「書き出しにもいろいろあるんだね」「楽しい書き出しだね」「こんなふうに書いてもいいんだ！」と思ってくれたら成功です。

作文の「書き出し」に使えるパターン12選

❶「自分の声」から入る

・「やばい！」先生がガラっと教室のドアをあけたしゅんかん、ぼくはさけんでいた。

・「う、う、うまい！」こんなにおいしいカレーライスを食べたのは、うまれて初めてです。

❷「他人の声」から入る

・「こら、ハヤト！　早く起きなさい！」いつものようにママが大声をあげている。

・「よくがんばったな」かんとくのその言葉で、ぼくは泣いてしまいました。

❸音から入る

・ピュー、ピュー。あまりの風の強さに、ぼくはへこたれそうになりました。
・ガッチャーン！　お皿がわれたしゅんかん、ぼくの体からヘンなあせがふきだした。

❹「自分の意見」から入る

・お友だちのわるぐちだけは、ぜったいにいわない。わたしはそう決めています。
・ぼくは運動がきらいだ。でも、それでいいと思っています。

❺「疑問」から入る

・「多数決」で決めたことって、本当に正しいのだろうか？　前から思っていたぎもんです。
・子どもはどうして学校に行くんだろう？　ぼくはふしぎに思った。

❻「たとえ」から入る

・サルが来た！　と思ったら、おさけをのんで顔をまっ赤にしたパパでした。
・まるで、雪をかぶったふじ山のようでした。ぼくのお茶わんにつがれた大もりごはんのことです。

❼「くり返し」から入る

・食べた、食べた、食べまくった。今日は、ひさしぶりに手まきずしを食べました。
・しみる、しみる、しみる。キズ口にしょうどくやくをぬられるときが、イヤでイヤでたまりません。

❽「気づき&発見」から入る

・ついに、わすれ物をしない方ほうを発見しました！
・九九をおぼえるコツがわかったぞ！

❾「物語」っぽく入る

・それは、30点のテストを家に持ちかえった日の夜のことでした。
・ひとりで、むちゅうになってゲームをしていたときのことでした。

❿「告白」から入る

・じつは、いままでママにかくしていたことがあります。
・今日は、ぼくの本当の気もちを書きたいと思います。

⑪「悩み」から入る

・ぼくはせが高くありません。
・わたしは、本を読むのが、ものすごく苦手です。

⑫「会話」から入る

「メロンっておいしいよね？」

「えー、ぼくはきらいだ」

「じゃあ、何のくだものが好き？」

「うーん、きゅうり！」

そこで、みんなが大わらいした。


このように、作文の「書き出し」には、さまざまなパターンがあります。

平凡な「書き出し」と何が違うのか、親子で一緒に話し合ってもいいでしょう。

あるいは、紹介したパターン以外の「書き出し」もいろいろと考えてみましょう。


もちろん、はじめはマネから入ってＯＫです。

作文に限りませんが、マネから入ることは技術習得のセオリーです。

「学ぶ」は「マネ（真似）ぶ」ともいいます。大いにマネさせましょう。

「書き出し」を制する者は「作文」を制す！

「書き出し」は読む人の興味を引くだけでなく、書き手自身にも大きな影響を及ぼすものです。「きのう、えんそくに行きました」よりも「ドボ〜ン！ 気がついたときには、わたしは池におちていました」でスタートする文章のほうが、作文を書く子ども自身も楽しいはずです。頭に映像が浮かぶため、続きのエピソードが書きやすくなります。

説明的な文章からスタートすると、そのあとも説明的な文章になりがちです。

一方で、イメージが浮かぶ場面からスタートすると、そのあとの文章がドラマチックになりやすくなります。

気がつけば、オンリー・ワンの作文に仕上がっていることも珍しくありません。

先ほど紹介した12種類の書き出しパターンも、読んだ瞬間にイメージが浮かびやすいものを優先して選びました。

低学年の子どもにとって大切なのは、「説明力」よりも「体験の描写力」です。

自身の体験を引き合いに、自分の「気持ち」や「考え」を自由に表現することができるようになると、その子の作文能力は、どんどん伸びていきます。

「書き出し」は単に「作文の冒頭」ではありません。

作文全体のトーンやその後の展開を左右する重要なパーツです。

古今東西、名のある作家たちも、そのほとんどが「書き出し」の名手です。

夏目漱石の名作の書き出し「吾輩(わがはい)は猫である」は、個性的な名文として語り継がれています。

「『書き出し上手』は『作文上手』」といっても過言ではないのです。

書き出し
30点のテストを持ち帰った日の夜のことでした。ぼくは空のお月さまをながめていました。

「締めくくり」で深い味わいを残す

多くの子どもが「書き出し」同様、「締めくくり」にも、工夫を凝らしていません。

いえ、そもそも、子どもは、「締めくくり」の重要性に気づいていません。

書くことに精一杯という子どももいるでしょう。


しかし、作文の「締めくくり」は、単に「文章の終わり」ではありません。

読む人の読後感（余韻）を左右する極めて重要なパートです。

多種多様な「締めくくり」を子どもの目に触れさせて、その重要性や魅力に気づかせてあげることは、お父さんお母さんの役目ともいえます。


以下では、多種多様な「締めくくり」の例を紹介していきます。

ぜひお子さんと一緒に読み上げるなどしてみてください。


以下は「平凡な締めくくり」の例です。

●お題：遠足

・とても楽しい１日でした。

・またいつかあそびに行きたいです。

●お題：先生

・というわけで、中村先生は、とてもやさしいです。

・しょうらい、中村先生のようになりたいです。

●お題：好きな食べ物

・これからもラーメンをたくさん食べたいです。

・ぼくは、おなかがいっぱいになりました。

●お題：クラス

・だから、ぼくはこのクラスが大すきです。

・これからも、このクラスのためにがんばります。

●お題：読書感想文

・もういちどよみたいと思います。
・友だちにも、おススメしたいです。

もちろん、これらの締めくくりが「いけない」わけではありません。いずれも作文をていねいに終わらせています。

一方で、定型的でおもしろみに欠ける、という印象も否めません。作文の締めくくりは、作文全体の印象を大きく左右します。その子の「らしさ」が薄められているとしたら残念なことではないでしょうか。

「締めくくり」に使えるパターン22選

「平凡」とは一線を画す「締めくくり」のパターンを紹介しましょう。

❶「自分が叫んで」締める

・ぼくはさいごに、こうさけびたいです。

「くそー、次こそはクリアしてやる！」

・はずかしいけど、もう一度いわせて。

「だれか〜、わたしのことを助けに来て〜！」

❷「誰かの言葉」で締める

・コーチがわたしのかたをたたいていいました。

「よくがんばったな」

・リクくんが目をキラキラさせてぼくにいったのです。

「おまえって、ホント天才だな！」

❸「ため息」で締める

・やれやれ、じごくのような1日が、ようやくおわりました。

・ふ〜う、校門を出たら、どっとつかれました。

❹「自分をホメて」締める

・あれっ、もしかしたら、わたしって天才かも？
・自分で自分にハナマルをつけてあげます！

❺「反省して」締める

・ごめん、二度とウソはつきません。
・はい、そうじはサボらないと、ここでやくそくします。

❻「決意」で締める

・よし、あしたから早起きして、ランニングをするぞ。
・次のしあいでは、ぜったいに点をきめてみせる！

❼「質問・疑問」で締める

・わたしのこの考え方が、おかしいのかな？
・先生、くやしいときに泣くことって、いけないのでしょうか？

❽「余韻を残して」締める

・たぶん、きのうよりは、よくなっているはずだが……。
・うーん、明日の本番はどうなることやら……。

❾「ギャグ」で締める

・引っこしたら、小さくてかわいい犬をかいたいワン。
・オレも男だ。ゾウのように大きな心をもてるよう、がんばるゾウ。

❿「嘆き」で締める

・真夏のマラソン大会だけは、かんべんしてほしい。
・読書かんそう文なんて、もうコリゴリだ。

⓫「キーワード＋感嘆符」で締める

・スイーツたべほうだい、バンザイ！
・久保せんしゅ、さいこう！

⓬「自分ツッコミ」で締める

・二どと同じまちがいをおこさないよう気をつけましょう。って、わたしは先生か！
・それでは、またお会いしましょう！　って、ぼくはテレビのしかいしゃか！

⓭「シーン」で締める

・ふりかえると、ピューっと強い風がふいて、だれものっていないブランコがユラユラとゆれていました。
・声がするほうにかおを向けると、ずっと遠くのほうで、ママが手をふっているのが見えました。

⑭「たとえ」で締める

・まどから見えるタワーが、まるでエンピツのように見えました。
・それはまるで、でっかいたいようが、空いちめんに、オレンジ色の絵の具をまきちらしたようでした。

⑮「ことわざ」で締める

・こういうのを「たなからぼたもち」というのかな？
・ああ、これが「月とスッポン」ってやつか。

⑯「『もしかしたら』や『ひょっとしたら』」で締める

・もしかしたら、正しいのは、ぼくではなく、お兄ちゃんのほうだったのかもしれない。
・ひょっとしたら、しょうらい、かれは、そうりだいじんになっているかもしれないぞ。

⑰「なぜなら」で締める

・なぜなら、わたしははん長だからです。
・なぜなら、しょうらいぼくは、お医者さんになるからです。

⑱「けっきょく」で締める

・けっきょく、ぼくらの作った作品は、えらばれませんでした。
・けっきょく、わたしのねがいはかないませんでした。

⑲「つまり」で締める

・つまり、ぼくらは勝ったのだ。
・つまり、わたしたちには未来がある、ということです。

⑳「だから」で締める

・だから、病いんはキライです。
・だから、ぼくはこれからも日記を書きつづけます。

㉑「そう」で締める

・そう、これがわたしの正体なのだ。
・そう、ぼくこそが、ヒーローになりそこねたカッコわるいやつなのだ。
・あっ、ママがかえってきた。作文はここまで。
・しまった、もう書くスペースがない。終らせてもらう。

㉒「慌てて」締める

文章の「書き出し」同様に、「締めくくり」にも、さまざまなパターンがあります。

最後の『慌てて』締める」などは、少しズルい終わり方のようにも感じます。

しかし、低学年の子どもにしてはシャレていると思いませんか？

注意するどころか、思いきりホメてあげたい「締めくくり」です。


作文の「締めくくり」には、漫才や落語でいうところの「オチ」の役割もあります。

不思議なもので、中身がやや平凡でも、「締めくくり」がうまかったり、個性的だったり、気が利いていたり、目を引いたりすると、作文全体の印象がよくなることがあります。

たくさんのパターンで「締めくくり」を書いていくうちに、自分の得意な「締めくくり」を手にする、あるいは、作文のテーマや内容に応じて、最適な「締めくくり」を選べるようにもなるでしょう。

お友だちと違うオリジナルの「締めくくり」は、その子にとっての宝物です。

「平凡な締めくくりはイヤだなあ」

子ども自身にそんな気持ちが芽生えたとき、その子の作文能力は、一気に伸びるでしょう。

第15章

子どもが書きたくなる「お題」の出し方

第8章で紹介した「9つのお題」以外にも、わたしたちの身の回りには、たくさんの「お題」が転がっています。目についたモノやコトのすべてがお題候補です。

あなたがグルグルっと部屋を見回したときに、何が目に入りますか？

「テレビ」「スマートフォン」「冷蔵庫」「そうじき」「ペットボトル」「時計」「ゴミ箱」「お箸」……すべてのモノがお題になります。

屋外であれば「クルマ」「電柱」「駅」「信号」「公園」「落ち葉」……これまたお題の宝庫です。

ほかにも「歩く」「助ける」「届ける」「飛ぶ」などの動詞や、「目」「鼻」「口」「耳」など人間のパーツもおもしろそうです。

作文のお題にならないものは、この世にひとつとしてありません。


何か特定の「お題」に強いことが作文の能力が高いということではありません。

ニュースから芸術、歴史、文化、スポーツ、グルメ、仕事、趣味、習慣まで、どんな「お題」であっても、そのお題から発想をふくらませたり、自分の考えや意見を作り出していったりすることができる力――それこそが真の作文力です。

以下は「ゴミ箱」をお題に書いた作文の書き出し例です。


「ゴミ箱ってきくだけでウキウキしちゃう。だって、ゴミ箱にモノをすてるとき、気もちがスッキリするんだもん！」

「ゴミ箱から、ゴミを救出するのがボクの役目なのだ」
「名前がカッコわるいよ、『ゴミ箱』って。『サンクス・ボックス』なんてどうだろう?」
「ゴミ箱をゴミに出したいときは、どうすればいいんだ?」

どれも個性的で続きが読みたくなります。

にんげんも、いつかゴミばこにすてられちゃうのかなあ?

なんて書かれていたら、オトナも思わずドキッとするでしょう。

子どもは表現者です。どんな「お題」からも発想を広げていく力があります。
論理的に正しいとか、道徳的にいいとか、先生に喜ばれそうとか、そういうことが重要なのではありません。

「お題」というのは、作文のとっかかりにすぎません。
そのお題を起点に、その子自身が感じたこと、考えたこと、思い出したこと、連想したこと、ふくらませたいと思ったこと――のすべてに意味と価値があります。

作文を「お勉強」だと思ってしまうと、子どもは好奇心やエネルギーを失います。

作文は、子どもにとってゲームや遊びのようなものでなければいけません。

考える楽しさや、表現する喜びを感じることが何より大事です。

●モノのお題例

・フライパン／お弁当箱／ランドセル／スマホ／冷蔵庫／石けん／牛乳／おやつ

●オノマトペのお題例

・ガッチャ～ン／ピンポーン／グサっ！／ポトポト／シーン

●声のお題例

・「めんどくさいなあ」／「おいしそう！」／「やばい！」／「すご～い！」／「しまった！」

「お弁当箱」とお題を出した瞬間から思考が動き始めます。

観察力や分析力、発想力、想像力など、あらゆる思考が同時並行的に稼働します。

「お弁当箱」に意識を向けて、その色や形や大きさを思い浮かべる子もいれば、お弁当の中身をパっと思い出す子、あるいは、お弁当を作ってくれた人のことを思う子や、友だちと一緒にお弁当を食べたことを思い出す子もいます。

どれも間違いではありません。

意識が向いた方向へ書き進めればＯＫです。

大人が出す「お題」から、子どもはインスピレーションを受け取ります。

抽象的なものから具体的なものまで、さまざまな「お題」で作文を書く習慣がつくと、子どもは「(自分は)どんなことでも作文にできる」と自信を深めるでしょう。

そうなったらしめたものです。

子どもは、自分自身で「お題」を探して書くことができるようになります。

魔法のお題
おやつは何を食べたの？
バナナ!
でもバナナはおやつじゃないっていわれたよ!

コラム⑨

原稿用紙の使い方10のポイント

①作文の「お題」は、原稿用紙の1行目、上から2～3マスを空けて書く。

②名前は「お題」の次の行、下から1マス空けて書く。また、名字と名前の間を1マス空ける。

③1マスに1字を書く。句読点（マルやテン）も1字。句読点はマス目の右上に書く。

④句読点は行のはじめのマス目には書かない。句読点が行の最後にきたときは、最後のマス目に文字といっしょに書く。

⑤書き出しは、上から1マス空けて書く。

⑥改行するときも、上から1マス空けて書く。

⑦小さな「っ」「ゃ」「ゅ」「ょ」は、通常の文字と同じように、1マスに1文字書く。書く位置はマス目の右側に。

⑧会話文を入れるときは、かぎかっこ（「　」）を使う。会話文の終わりの句点（マル）と閉じカッコ（」）は、1つのマス目に書く。

⑨会話文が2行以上になるときは、「2行目以降は、行の最初の1マスを空けて書くケース」と「2行目以降も、行の最初の1マス目を空けず書くケース」がある。

⑩会話文の書き始めは、原則として行を変える（行を変えずに会話文を入れる書き方もある）。

第16章

〈書いたら読み返す〉9つのチェックポイント＋α

作文を書き終えたら、必ず推敲をする。この習慣を取り入れましょう。

「推敲」とは、文章をじっくり読み直して、ダメなところやおかしなところがないかをチェックし、よりよくなるよう修正していくことです。

書き終えたときの完成度が50％くらいだったとしても、推敲に力を入れることで100％へ高めることもできます。

以下は推敲をするときの9つのポイントです。

❶書きたいことを書けているか？

書きたいことや伝えたいことがあるのに、それが原稿用紙上に表現できていないと、悔いが残ります。自分の意見や気持ちが書けているか、よくチェックしましょう。

❷「いらない」ところはないか？

❶とは逆に、「書きすぎてしまったこと」「余計なこと」「脱線してしまったこと」がないかをチェック。「いらない」と感じたら削りましょう。

❸「説明不足」や「言葉足らず」なところはないか？

読む人に（悪い意味で）「どういうこと？」「どういう意味？」と首をひねらせていないか。「いつ」「どこで」「だれと」「だれが」「何を」「なぜ」「どんなふうに」などの基本情報が抜け落ちていないかに注意しましょう。

❹話の筋がとおっているか？

（思考の自由な旅とは別次元で）話の筋がズレていないか、チグハグなところがないかを確認。改行したり、文章の順番を入れ替えたりすることで、わかりやすくなることもあります。

❺内容に間違いがないか？

明らかに事実と違うことが書かれていると、作文を書いた子の信用が下がりかねません。モノや人の名前、場所の名前、数字などの間違いも確認しましょう。

❻「主語」と「述語」が合っているか？

「主語」と「述語」が合っていないと、読みにくく、理解しにくい文章になります。両者を正しく対応させるほか、語尾の現在形や過去形が適切かもチェックしましょう。

❼漢字や送りがなに間違いはないか？

「漢字」や「送りがな」が間違っていると、残念な作文に見えてしまいます。漢字の間違いには「別の漢字を使ってしまうケース」と「漢字の形が間違っているケース」のふたつがあります。

❽「接続詞」や「てにをは」は正しいか？

文章と文章を結ぶ接続詞には「しかし」「また」「ところが」「だから」などがあります。また、言葉と言葉をつなぐ助詞には「て」「に」「を」「は」「が」「で」「も」などがあります。接続詞や助詞の使い方が間違っていると、読む人の理解を損ねてしまいます。

❾「句読点」は正しく打たれているか？

句点とは「マル」のことで、一文の最後に打ちます。一方、読点とは「テン」のことで、文の区切りとして打ちます。句読点が正しく打たれていないと、読みにくく、理解の妨げになることも。とくに読点は、読みやすさと、理解しやすさを重視して打ちましょう。

プラスαとして「意地悪な記者になる」ことをオススメします。

テレビで放映される記者会見などで、重箱の隅をつつくような質問をする記者がいます。ときに「意地が悪い」「嫌らしい」と感じられることもありますが、そこには「より具体的な言葉を引き出したい」「本音を引き出したい」「つじつまの合わないところを追及したい」「不明瞭な点を明確にしたい」などの意図があります。

この「意地の悪さ」が、作文の推敲時には必要となります。

「**これはどういう意味？**」「**これはいつのこと？**」「**このときは誰と一緒だったの？**」『**やばい』ってどういう意味で使ったの？**」――まるで意地悪な記者のように、激しくツッコミを入れることによって、文章の穴が消えて、より魅力的な文章へと進化していきます。

ただし、このとき「意地の悪い記者になる」のは子ども自身です。

大人が意地の悪い記者になってツッコミを入れてしまうと、子どもは、単に作文にケチをつけられているように感じてしまいます。

大人がするのは「**意地の悪い記者になって読み返してみよう**」とアドバイスするところまで。

読み返す力を本人につけさせることも、作文

最後のチェックは入念に！
うん　うん
自分にツッコミを入れるって、何だか先生になった気分だなあ。

力アップには欠かせません。

なお、推敲するときには、次の3点も意識しましょう。

❶少し時間を空けて推敲する

少し時間を空けると、冷静に読み返すことができます。

❷読む人の立場で推敲する

せっかく書いた作文も、読む人に伝わらなければ、意味がありません。読む人に伝わっているか。理解してもらえそうか。読みにくいところはないか。読む人の気持ちになってチェックしましょう。

❸音読する

「リズムの悪さ」「言葉足らず」「まどろっこしい表現」「漢字や送りがなの間違い」など、黙読では読み流してしまう点も、音読することで気づきやすくなります。

おわりに　作文を通じて、親と子が一緒に成長できる！

「書く楽しさ」や「書く喜び」を知ることは、取りも直さず、「学ぶこと」や「表現すること」「生きること」への自信を深めていくことです。

「うちの子の作文には個性がない」「うちの子はイキイキした作文が書けない」「うちの子の作文は平凡」など、わが子の作文能力に不満をもつ親御さんは少なくありません。

しかし、それは違います。大きな間違い、いえ、勘違いです。

子どもは、どんな「お題」でも作文を書くことができます。
まずは大人であるあなたが、そのことを信じてください。
そして、子どもの「考え」や「発想」を制限することなく、彼ら彼女らの思考が旅するままに、自由に文章を書かせてあげてください。

怖い目で親や先生が見ている。
それだけで子どもたちは萎縮し、作文に対して「イヤな気持ち」を抱きます。

書き上げた作文に、ああだこうだとケチをつけられれば、さらにその「イヤな気持ち」は増幅します。

もしかしたら、子どもの作文能力に不満をもつ親御さん自身が、その「書けない子」を作り出しているのかもしれません。


わたしはこの本を、子どもたちの作文能力を伸ばすために書きました。

一方で、わたしの気持ちのもう半分は、子どもを見守るあなた（大人）に向けて書きました。

おそらく、あなたも、かつては作文嫌いな子どもだったのではないでしょうか。

だから、せめて子どもには作文好きになってもらいたい。作文が得意な子になってもらいたい。そう感じているのかもしれません。

その気持ちは痛いほどよくわかります。


でも、それもまた誤解であり、勘違いです。

実はあなたも、「本当は書ける子」だったし、今現在も「書ける人」なのです。

そのことに気づいてもらえたなら、著者としてこれ以上うれしいことはありません。

この本は子どもとあなた、つまり、親子の作文教室です。

子どもと親が一緒に成長する教室です。


本書でお伝えした「親子インタビュー」の価値とは何でしょう?

作文を書くための材料が手に入ること——もちろん、それは正解です。

でも、それは価値の一部にすぎません。


最大の価値は、言葉のキャッチボールをくり返しながら、親子が心を通わせることができる点にあります。


そのプロセスには「理解」「共感」「受容」「安心」「喜び」「信頼」「癒やし」など、親子の信頼関係を強めるうえで必要なすべてが詰まっています。

親であるあなたが子どもの言葉と作文を受け入れることで、親子の絆と信頼が深まります。

子どもを認めて受け入れることは、あなた自身を受け入れることにほかなりません。


子どもに「ちゃんと書きなさい!」「もっと詳しく書きなさい!」といいたくなったとき、それは、あなたがあなたを責めているときです。

もうこれ以上、自分を責める必要はありません。

あなたも、あなたの子どもも、例外なく個性的で才能にあふれる人間なのですから。

どういうわけか、人間は「言語」を使うようになりました。
言語を発展させながら、他者とコミュニケーションを図り、思考を巡らせ、アイデアを生み出し、解決策を探りながら、文明・文化を進化させてきました。
「言葉」を育むことは、その人の人生を成長させることであり、ひいては、社会を成長させることなのです。

作文を通じて、子どもたちが「言葉」で考える楽しさや、「言葉」で表現するおもしろさを感じてくれたら幸いです。

この本の企画は、子どもの教育を考えるメディアサイト「StudyHacker こどもまなび☆ラボ」(https://kodomo-manabi-labo.net/)で連載させていただいた「作文力の磨き方教室」の原稿を下敷きにして作り上げました。編集部のみなさま、ありがとうございます。

最後になりましたが、日本能率協会マネジメントセンターの東寿浩さんと柏原里美さんには大変お世話になりました。心から御礼申し上げます。
妻の朋子と娘の桃果にも感謝の気持ちを。いつもありがとう。人の気持ちを受け入れることの大切さはふたりから学びました。

そして、読者であるあなたへ。あなたの愛する子どもが書いた作文を読める日を楽しみにしています。

山口拓朗

著者紹介

山口拓朗（やまぐち・たくろう）
山口拓朗ライティングサロン主宰／伝える力【話す・書く】研究所所長

1972年生まれ。出版社で6年間、編集者・記者を務めたのちフリーライターとして独立。24年間で3300件以上の取材・執筆歴を誇る。現在は執筆活動に加え、講演や研修を通じて「論理的に伝わる文章の書き方」「好意と信頼を獲得するメールの書き方」「ファンを増やすブログ記事の書き方」等の実践的ノウハウを提供。オリジナルの文章技法である「自問自答法」は、学生の論文や子どもの作文にも使われ、多くの成果をあげている。2016年からは300万人のアクティブフォロワーを誇る中国企業「行動派」に招聘され、中国の6大都市で「Super Writer 養成講座」を定期開催中。「作文で能力開発！」をモットーに活動している。

妻・山口朋子が主宰する母親向けの起業塾「彩塾」でも、ライティングを指導。「子どもの作文の指導の仕方がわからない」という相談に乗りながら、親子インタビューをはじめ、子どもの作文能力が劇的に伸びるノウハウを編み出す。その成果をまとめて子どもの教育メディア「StudyHacker こどもまなび☆ラボ」で連載した「作文力の伸ばし方講座」が好評を博した。

著書に『伝わる文章が「速く」「思い通り」に書ける 87 の法則』、『買わせる文章が「誰でも」「思い通り」に書ける 101 の法則』（共に明日香出版社）、『「9 マス」で悩まず書ける文章術』（総合法令出版）、『何を書けばいいかわからない人のための「うまく」「はやく」書ける文章術』（日本実業出版社）、『書かずに文章がうまくなるトレーニング』（サンマーク出版）、『世界一ラクにスラスラ書ける文章講座』（かんき出版）などがある。文章作成の本質をとらえたノウハウは言語の壁を超えて高く評価されており、中国、台湾、韓国など海外でも著書が10冊以上翻訳されている。

【山口拓朗公式サイト】http://yamaguchi-takuro.com
【メールアドレス】yama_tak@plala.to

魔法の質問で「コトバの力」を伸ばそう
親子で取り組む作文教室

2020年8月10日　初版第1刷発行

著　者――山口拓朗

発行者――張　士洛
発行所――日本能率協会マネジメントセンター
〒103-6009 東京都中央区日本橋2-7-1 東京日本橋タワー
TEL 03(6362)4339(編集)／03(6362)4558(販売)
FAX 03(3272)8128(編集)／03(3272)8127(販売)
http://www.jmam.co.jp/

装丁・イラスト―――野田和浩
本文DTP――株式会社RUHIA
印刷所―――シナノ書籍印刷株式会社
製本所―――ナショナル製本協同組合

ISBN 978-4-8207-2835-1　C8037
落丁･乱丁はおとりかえします。
PRINTED IN JAPAN